Daniel Robbel | Dirk Unschuld

111 Orte im Ahrtal, die man gesehen haben muss

111

emons:

Für Christa Robbel. Mit Dank an Werner Schüller.

Bibliografische Information der Deutschen Nationalbibliothek
Die Deutsche Nationalbibliothek verzeichnet diese Publikation in der Deutschen Nationalbibliografie; detaillierte bibliografische Daten sind im Internet über http://dnb.d-nb.de abrufbar.

MIX
Papier | Fördert gute Waldnutzung
FSC® C083411

Layout: Eva Kraskes, nach einem Konzept
von Lübbeke | Naumann | Thoben
Kartografie: altancicek.design, www.altancicek.de
Kartenbasisinformationen aus Openstreetmap,
© OpenStreetMap-Mitwirkende, ODbL
Druck und Bindung: CPI – Clausen & Bosse, Leck
Printed in Germany 2023
ISBN 978-3-7408-1982-8
Originalausgabe

Vorwort

Das Ahrtal – da denkt man zunächst an eine wildromantische Landschaft und nicht zuletzt an Wein. Doch das kleinste Rotwein-Anbaugebiet der Welt hat viel mehr zu bieten als rauschende Winzerfeste, historische Weinbergterrassen und Premium-Wanderwege. Das kommt nicht nur in der Identifikation der Einheimischen mit »ihrem« Tal, sondern auch in den kontinuierlich steigenden Zahlen in Sachen Touristen und Tagesbesucher zum Ausdruck. Und dann war da ja noch die Flutkatastrophe, die im Juli 2021 über dieses Paradies hereinbrach. Auf die Welle der Zerstörung folgte die Welle der Hilfsbereitschaft. SolidAHRität heißt die hier. Zehntausende Menschen kamen an die Ahr und halfen beim Aufräumen und Neuaufbauen. Mit dem Resultat, dass das Ahrtal sich heute wieder auf Besucher freuen darf.

Neben erfolgreichen Frequenzbringern wie dem Rotweinwanderweg, der Dokumentationsstätte Regierungsbunker und den zahlreichen Events der Weinorte hält das Ahrtal auch etliche Überraschungen, Kleinode und Kuriosa bereit, die selbst den »Ureinwohnern« oftmals verborgen bleiben und entdeckt werden wollen. Auch wenn sich die Ahr-Region zwischen Sinzig und Blankenheim erhalten hat, veränderte sich das Zielpublikum im Laufe der Jahrzehnte. Galten Orte wie Altenahr oder Mayschoß noch bis in die 1970er Jahre als »El Arenal« der Eifel, setzt man seit den 1980er Jahren strikt auf Qualität. Hervorragende Weine und Gastronomie, flankiert von Wellness, Wandern und Gesundheit in kleinen Städtchen und pittoresken Weindörfern, haben der Ahr eine große Fangemeinde und viel Nachhaltigkeit beschert. Und doch gibt es die erwähnten Besonderheiten abseits des Mainstreams, zu deren Erleben dieses Buch einladen möchte. Unglaubliche und kuriose Geschichten, schräge Kunst und historische Besonderheiten – rund um die »wilde Tochter des Rheins« wird mit reizvollen Orten nicht gegeizt. Da kommt selbst der »Ahrtal-Insider« auf seine Kosten!

111 Orte

KASSE

ilbad
bitte
sam fahren

1 Das alte Wehrmachts-Casino

Planschvergnügen über dem NS-Symbol

Die Geschichte des kleinen, beschaulichen Ortes Ahrbrück an der Ahr ist geprägt von Krieg und Vertreibung. Einige Jahre vor Ausbruch des Zweiten Weltkriegs stampfte die Luftwaffe hier ein Übungsareal aus dem Boden, um das Flächenbombardement zu proben. Die damaligen Einwohner – der Ort hieß seinerzeit noch Denn – traf das ziemlich hart. Es entstanden große Umsiedlungspläne, damit Hitlers Bomber ihre Zielübungen durchführen konnten.

Die dazugehörige Kommandantur wurde in der Nähe der heutigen Sudetenstraße errichtet. Da den Angehörigen der Wehrmacht auch ein gewisser Grad an Luxus und die Möglichkeit zur Zerstreuung geboten werden sollten, gab es ein Casino zum allgemeinen Zeitvertreib sowie ein Schwimmbad. Während das Wirtschaftsgebäude der Leitstelle nach wie vor steht, existiert das Schwimmbad schon lange nicht mehr. Mit ihm verbindet sich jedoch eine Geschichte, die auch heute noch in den Köpfen der älteren Ahrbrücker fest verankert ist. Nach Kriegsende planschten dort nämlich die Kinder des Dorfes.

Das Bad war recht ordentlich erhalten, und auch die kriegsgeplagten Heimkehrer freuten sich über die Möglichkeit zur Erfrischung. Während sich die Ahrbrücker Männer zum Frühschoppen versammelten, tummelten sich die Kleinen im nahen Schwimmbad, dessen Wasser naturtrüb, bräunlich und ganz ungefiltert ohne Chlorung aus dem Dennbach stammte. Irgendwann besann man sich und wollte das Ahrbrücker Schwimmbad modernisieren. Fortan sollte klares Wasser das Becken füllen, und damit kam die Wahrheit der Vergangenheit ans Licht: Auf dem Beckenboden prangte ein gigantischer Luftwaffenadler inklusive Hakenkreuz. Den Kindern der Nachkriegsgeneration war dies jedoch herzlich egal. Sie ließen sich auch von dem Zeichen der vergangenen NS-Diktatur das Planschen in den legendär heißen Sommern von damals nicht verderben.

Adresse Sudetenstraße 19, 53506 Ahrbrück | **ÖPNV** Ahrtalbahn oder Ersatzverkehr, Haltestelle Ahrbrück | **Anfahrt** B 257 nach Ahrbrück, in der Ortsmitte in die Sudetenstraße abbiegen | **Tipp** Ahrbrück ist ein Knotenpunkt interessanter Landstraßen, die besonders für Motorradfahrer viel Abwechslung bieten. Schnell ist man in Adenau, Altenahr, Kesseling oder auch Ramersbach.

2 Der Hexenstein

Die letzte Hexe des Ahrtals

Wo viel Licht ist, ist auch viel Schatten. Und da die Sonne auch im späten Mittelalter häufig über den Windungen der Ahr schien, suchten hier die Häscher der katholischen Kirche nach Frauen, die der Zauberei nachgingen. Und spürten so in Pützfeld Else Simons auf. Else Simons zählte 50 Jahre, hatte neun Kinder und war eine Hexe. Das befanden zumindest die damaligen Richter des Dorfes sowie 17 Denunzianten aus dem Ort. So wurde Else Simons am 17. Juli 1649 zum »Wolfgraben« gezerrt, einer Hochgerichtsstätte. Dort wurden Hexen und andere Zauberkundige in Schauprozessen angeklagt, was stets mit der Verkündung der Höchststrafe endete: dem Tod. Die Stätte war zugleich der Ort, an dem die Exekution durchgeführt wurde.

Auch Else Simons wurde hier verbrannt. Aus dem erhalten gebliebenen Protokoll geht hervor, dass die Frau ihre nächtlichen Umtriebe nach einer grausamen Folter gestand. Mittels Hexerei soll sie zahlreichen Menschen Leid gebracht haben, sie schwor vor dem Tode der schwarzen Magie ab und bedankte sich noch artig bei ihren Henkern.

Nur das Geld bereitete ihr zuletzt Sorgen. Schließlich musste ihr Ehemann den Prozess bezahlen, und sie bat, man möge ihn doch bitte etwas schonen. Else Simons war nicht nur geständig, sondern im Angesicht des nahenden Todes auch überaus kooperativ. Sie selbst bezichtigte weitere 27 Personen der Hexerei, sie sollen nachts mit ihr getanzt und den Teufel angerufen haben.

Es müssen sich grausige Szenen abgespielt haben. Immerhin: Else Simons war die letzte »Hexe«, die im Ahrtal ermordet wurde. Zum Glück, denn damals wurden sehr viele Menschen beschuldigt, schwarze Magie zu betreiben. Heute erinnert der Hexenstein im Wald oberhalb des Dorfes an Else Simons und die vielen Frauen, die dort vor ihr den Tod fanden. Das rund 1,5 Meter hohe steinerne Denkmal wurde 2008 auf die Lichtung gesetzt.

Adresse Auf der Ley, 53506 Ahrbrück | **Anfahrt** aus Richtung Pützfeld: Dümpelfeld von der B 257 Richtung Altenahr kommend auf der linken Seite, über die Steiner Bergstraße auf die Straße Auf der Ley; von der Ahrbrücker Seite nur fußläufig zu erreichen | **Tipp** Neben dem Hexendenkmal befindet sich die Silvesterhütte. Außer Sitzgelegenheiten und einem Grillplatz bietet sie einen schönen Ausblick auf das Tal und die Pützfelder Kapelle.

3 Die Ahrweiler Kirchenmäuse

Kleine Bewohner mit Wohlstandsbauch

»Arm wie eine Kirchenmaus« zu sein ist kein erstrebenswerter Zustand. Die Redewendung geht darauf zurück, dass Mäuse anders als zum Beispiel in Vorratskammern in Gotteshäusern keine Nahrung finden und somit Hunger leiden müssen. Es gibt aber auch Ausnahmen: Die St.-Laurentius-Kirche ist ein reicher Ort, wo es für Nager immer etwas zu futtern gibt. Hier hat man den kleinen Tierchen sogar ein filigranes Denkmal gesetzt. An der letzten Säule im Hauptschiff krabbeln zwei possierliche Mäuse aus Bronze das Gemäuer empor. Diese zu sichten ist eine wahre Detektivarbeit, denn im »schönsten Haus von Ahrweiler«, wie die Einheimischen ihre Kirche nennen, sind zahlreiche tierische Lebewesen verewigt. In den bunten Glasfenstern, Skulpturen und Schnitzereien kann man sage und schreibe 200 Abbildungen von Tieren 40 verschiedener Spezies entdecken.

Nur die Mäuse fehlten eben noch. Die Idee ging vom Heimatverein »Alt-Ahrweiler« aus, dessen Vorsitzender Dr. Wilbert Herschbach die Mäuschen vor einigen Jahren gießen ließ und der Kirchengemeinde von St. Laurentius stiftete. Ihren heutigen Standort nahe dem Altar verdanken die beiden Pfarrer Jörg Meyrer, der sie an die betreffende Säule dübeln ließ. Inzwischen ist ein wahrer Fan-Kult um die possierlichen Tierchen entstanden. Besonders Schülergruppen aus nah und fern gehen gern auf die Suche nach den kleinen Mäuschen, die trotz fester Verankerung im Stein sehr, sehr scheu sein sollen. Steht man erst einmal vor ihnen, sind sie an ihren prallen Bäuchlein jedoch gut zu erkennen. Die vollen Mägen der Tierchen sollen übrigens einer ganz modernen Legende zufolge daher stammen, dass viele Besucher sie tatsächlich mit allerlei Leckereien füttern.

Nicht zu vergessen: Die beiden Mäuse haben auch Namen. Im Gedenken an ihre geistigen Väter wurden sie auf die Namen »Wilbert« und »Jörg« getauft.

Adresse Marktplatz, 53474 Ahrweiler | **ÖPNV** Ahrtalbahn, Haltestelle Ahrweiler Markt | **Anfahrt** von der L 83 über die Wilhelmstraße zum historischen Ortskern, Parkplätze am Ahrtor, von dort zu Fuß weiter | **Tipp** Gleich neben der Kirche steht die Zehntscheuer, in der im Mittelalter die Leibeigenen ihre Erzeugnisse als Zehnt abgegeben haben. Heute finden dort Feste und Kulturveranstaltungen statt.

4 Der Amtsschimmel

Ein Kunstwerk für weniger Bürokratie

Es ist nun mal, wie es ist: Ohne Bürokratie geht's in Deutschland nicht. Denn Regeln sorgen für Ordnung. Da aber ein Übermaß an Paragrafenreiterei bekanntlich auch nicht gut ist, wollte man Mitte der 1980er Jahre seitens der Verwaltung ein Zeichen nach außen setzen, dass man das ebenfalls begriffen habe. Deshalb schuf der Künstler Johann Baptist Lenz 1986 im Auftrag des damaligen Landrats Egon Plümer die Bronzeskulptur »Die Austreibung des Amtsschimmels«. Sie zeigt ein wieherndes Pferd mit einer Schriftrolle um den Hals, die Paragrafenzeichen trägt. Schräg dahinter steht ein aufgebracht dreinblickender Bürger, der auf das Schriftstück weist und den Schimmel antreibt. Ein besonderes Merkmal dabei ist, dass das metallene Pferd vor und nicht im Kreishaus steht. Die Austreibung ist also bereits vollbracht.

Der Künstler war ein echter Sohn der Region. Johann Baptist Lenz wurde 1922 in Oberkail in der tiefen Eifel geboren und wertete zahlreiche Städte mit seinen prägnanten Skulpturen auf. So schmücken sich auch Prüm, Hermeskeil und Himmerod mit seinen Werken. Bis zu seinem Tode im Jahr 2007 blieb der Amtsschimmel jedoch seine einzige Spur im Kreis Ahrweiler. Lenz hat damit ein überdauerndes Zeichen gesetzt, das heute jeder Ahrweiler kennt. Der Amtsschimmel wurde sogar einmal lebendig, als sich ein anderer moderner Künstler des Erbes von Lenz annahm: André Weber, Fachmann für Computeranimation aus Dernau, hauchte dem Bronzepferd virtuell Leben ein. Der Schimmel nimmt – angetrieben durch einen schallenden Klatscher auf das Gesäß durch den sorgenvollen Bürger – leibhaftig Reißaus. Weit kommt das Pferd allerdings nicht. Im Schaufenster des gegenüberliegenden Geschäfts für Kfz-Kennzeichen findet die Flucht ein jähes und laut klirrendes Ende. Das Video der Kunstaktion kann man sich auf YouTube ansehen, sein Titel lautet: »Der Amtsschimmel ist verschwunden!«

Adresse Wilhelmstraße 24–30, 53474 Ahrweiler | ÖPNV Ahrtalbahn, Haltestelle Ahrweiler oder Ahrweiler Markt | Anfahrt A 573, Ausfahrt Ahrweiler, dann auf die Wilhelmstraße | Tipp Nur rund 400 Meter vom »Amtsschimmel« entfernt findet sich am Verteilerkreis Richtung A 61/Mittelzentrum das »Weiße Kreuz«, das in früheren Zeiten die Gemarkungsgrenze zwischen Ahrweiler und Bad Neuenahr markierte.

5 Das Berliner-Mauer-Stück

Das Ahrtal im Fokus deutsch-deutscher Geschichte

Als im Herbst 1989 das Ende der DDR näher rückte, schrieb auch Bad Neuenahr-Ahrweiler ein kleines Stück deutsch-deutscher Geschichte. Mehr als 800 Übersiedler aus der Deutschen Demokratischen Republik waren es, die am 5. Oktober 1989 aus der deutschen Botschaft in Prag via Sonderzug am Ahrweiler Bahnhof ankamen – kurz nachdem Außenminister Hans-Dietrich Genscher seine berühmte Rede gehalten hatte.

Nach umfangreicher und freudiger Begrüßung durch zahlreiche Bürger und die Vertreter der örtlichen Politik fanden die Menschen in den Räumlichkeiten der damaligen Katastrophenschutzschule des Bundes hoch über der Kreisstadt eine erste vorläufige Bleibe.

Groß war die Anteilnahme der Bevölkerung, die jede Menge Güter des täglichen Bedarfs, aber auch Spielzeug für die Kinder spendete. Während die schulpflichtigen Kinder und Jugendlichen auf die umliegenden Schulen verteilt wurden, begab sich das Arbeitsamt Ahrweiler direkt an die Herkulesaufgabe, alle Übersiedler in Lohn und Brot zu bringen. Die Kreisverwaltung übernahm die notwendigen Formalitäten, das Krankenhaus Maria Hilf kümmerte sich um die medizinische Versorgung. Die Katastrophenschutzschule entwickelte sich in den kommenden Wochen zum Bundesaufnahmelager, sogar Bundespräsident Richard von Weizsäcker und weitere Politiker kamen zu Besuch.

Rund 3.000 Flüchtlinge waren es schließlich, die in jenen Tagen mit weiteren Sonderzügen Ahrweiler erreichten, einige von ihnen blieben in der Region. Die herzliche Aufnahme im Kreis Ahrweiler vergaßen die Übersiedler nicht, und so stifteten sie – auch um der friedlichen Revolution in der DDR zu gedenken – ein Originalstück der Berliner Mauer, das heute auf dem Landrat-Joachim-Weiler-Platz vor dem Ahrweiler Bahnhof zu besichtigen ist. Ein Symbol der Teilung, das zugleich für das vereinte Deutschland und das vereinte Europa steht.

Adresse Landrat-Joachim-Weiler-Platz, 53474 Ahrweiler | **ÖPNV** Ahrtalbahn, Haltestelle Ahrweiler | **Anfahrt** über die Wilhelmstraße in die Bahnhofstraße, dort parken | **Tipp** Fast direkt neben dem Mauerstück, ebenfalls auf dem Landrat-Joachim-Weiler-Platz, befindet sich ein filigraner Brunnen, der vor allem im Sommer zum Verweilen und Erfrischen einlädt.

6 Die Blindentafel

Ein Rundgang mit Gefühl und Achtsamkeit

Man kann den Bauherren von damals keinen Vorwurf machen. Die mittelalterlichen Stadtplaner Ahrweilers konnten nicht damit rechnen, dass irgendwann Menschen mit Rollatoren und Rollstühlen ihre Straßen, die aus rund polierten Pflastersteinen gelegt sind, benutzen würden. Deshalb hat sich die Stadt in der jüngeren Vergangenheit darum bemüht, prekäre und schwer zugängliche Orte baulich umzugestalten. Somit zog die Barrierefreiheit in die alte Stadt und ihre Straßen ein.

Der Heimatverein »Alt-Ahrweiler« stellte vor einigen Jahren eine Blindentafel vor der Kirche auf. Das Relief aus Bronze wurde kostenlos von dem Künstler Franz Ulrich geschaffen. Zunächst fällt der ellipsenförmige Grundriss des Stadtkerns mit Wehrmauer ins Auge.

Des Weiteren sind 14 historische Gebäude inklusive der prägnanten Stadttore, die in alle vier Himmelsrichtungen weisen, dort abgebildet. Viele Architekturdenkmäler Ahrweilers sind dabei, so zum Beispiel das Wolff'sche Haus, die Zehntscheuer oder der Blankartshof, alle in filigranster Metallarbeit hergestellt. Mit Hilfe dieser Tafel können sich Sehbehinderte, aber ebenso sehende Besucher – und ausdrücklich auch Kinder – einen Rundgang durch Ahrweiler ertasten.

Das Thema Achtsamkeit spielt bei der Tafel ebenfalls eine Rolle. Denn die opulenten Seitentürme des Ahrtors en miniature zu fühlen ist nun mal eine andere Erfahrung, als schlicht davorzustehen und sie zu betrachten. Außerdem illustriert das Relief weitere Kulturgüter wie beispielsweise die Ahrweiler Stadtmauer. Erklärende Texte sind auch in Blindenschrift vorhanden, und auf der Homepage des Heimatvereins gibt es eine Art Anleitung, wie sich der Besucher am sinnvollsten durch das Städtchen tastet. Es wird empfohlen, mit dem Obertor zu starten, aber selbstverständlich ist es jedem selbst überlassen, wo er seine individuelle Tast-Tour beginnt.

Adresse Marktplatz, 53474 Ahrweiler | **ÖPNV** Ahrtalbahn, Haltestelle Ahrweiler Markt, von dort wenige Meter zu Fuß | **Anfahrt** von der Autobahn kommend der L 84 bis zum Niedertor folgen, dort oder am Ahrtor parken, dann zu Fuß durch die Fußgängerzone zum Marktplatz | **Tipp** Hinter der Kirche St. Laurentius steht das Pfarramt. Die Kirschblüte in dessen Garten ist im Frühjahr eine echte Augenweide.

7 Das Chorbild von St. Laurentius

Ohne Schützen keine Prozession

Fronleichnamsprozessionen sind im Gebiet der heutigen Bundesrepublik ab etwa 1330 urkundlich nachweisbar. Mit der Einführung dieser Prozessionen hing nicht selten die Gründung einer Schützengesellschaft zusammen. Den Schützen kam dabei nicht nur eine Begleitfunktion zu, in kriegerischen Zeiten mussten sie auch die Teilnehmer vor Angriffen beschützen. Die Durchführung einer Fronleichnamsprozession außerhalb der Kirche hing davon ab, ob sich eine Pfarrei die Anschaffung einer kostspieligen Monstranz leisten konnte.

Im Besitz der über 750 Jahre alten Ahrweiler Pfarrkirche St. Laurentius befindet sich eine hochgotische Monstranz, die spätestens in der zweiten Hälfte des 14. Jahrhunderts entstand und eine der ältesten Monstranzen Deutschlands ist. Daher ist davon auszugehen, dass in Ahrweiler die Schützen schon von alters her die Fronleichnamsprozession begleiten. Dafür spricht auch die Tatsache, dass die St.-Sebastianus-Bürgerschützen-Gesellschaft bereits 1403 gegründet wurde.

Diese uralte Tradition wird bis heute gepflegt, und die Schützen in ihren grünen Uniformen verleihen der Prozession ein noch festlicheres Erscheinungsbild. Selbst von den Änderungen der auch Ahrweiler betreffenden Pfarreien-Reform durch das Bistum Trier soll die Prozession unberührt bleiben. Kein Wunder, dass der Maler und Restaurator Karl Bardenheuer die Ahrweiler Fronleichnamsprozession 1918 an der Nordseite der Kirche St. Laurentius vor dem Tabernakel im Chorraum verewigte. Das Bild zeigt die mittelalterliche Prozession, flankiert von den Ahrweiler Bürgerschützen. In ihm stellte Bardenheuer rund 20 bekannte Persönlichkeiten aus dem öffentlichen Leben der Stadt Ahrweiler dar. So befindet sich unter ihnen ein Porträt des berühmten Nervenarztes, Klinikgründers und Ehrenbürgers Dr. Carl von Ehrenwall.

Adresse Marktplatz 13, 53474 Ahrweiler | ÖPNV Ahrtalbahn, Haltestelle Ahrweiler Markt, von dort circa 8 Minuten zu Fuß | Anfahrt von der Bossardstraße in die Adenbachhutstraße und zum Marktplatz | Tipp Mit etwas Glück findet während des Besuchs von St. Laurentius direkt nebenan im Helmut-Gies-Bürgerzentrum oder in der Zehntscheuer eine der vielen Veranstaltungen statt – beispielsweise an Karneval oder beim Pfarrfest.

8_Die Eisenschmelze

Glühendes Metall für die römische Legion

Erhitztes Metall, das zuvor als Erzgestein dem schroffen Fels abgerungen wurde, fließt in eine Gussform, um schließlich eine Waffe für einen Legionär des Römischen Reiches zu werden. So sah die alltägliche Arbeit in der antiken Schmiede aus, die dort stand, wo heute eine Landesstraße die Orte Ahrweiler und Ramersbach verbindet. Als Forscher der Universität Bonn die Eisenschmelze »An den Maaren« in den 1950er und 1960er Jahren freilegten, fiel eine Besonderheit schnell auf: Das war nicht die Wirkungsstätte einfacher Handwerker. Rund um die Schmelzen und Öfen war eine ganze Siedlung errichtet worden, deren Bewohner einen hohen Lebensstandard genossen. Neben Überresten einer Fußbodenheizung fand man Gläser, Kinderspielzeug und auch Sklavenketten, was darauf hindeutet, dass hier gut situierte römische Bürger mit ihren Familien und Bediensteten lebten.

Das Areal ist riesig, und die Archäologen konnten bislang nur rund 20 Prozent der Gesamtanlage ausgraben. Die schiere Größe macht jedoch nicht die eigentliche Bedeutung aus. »An den Maaren« ist die nördlichste bisher entdeckte und von den Römern bewirtschaftete Eisenverhüttungsanlage.

Trotz der exponierten Lage im Gebiet der germanischen Stämme war die Siedlung lange vital. Es wird angenommen, dass die Eisenschmelze rund 300 Jahre, vom 1. bis zum 4. Jahrhundert nach Christus, in Betrieb war. Das Erz wurde nicht vollends ausbeutet. Auch heute existieren noch Spuren in Form von »rostigen Steinen« in der Nähe der Anlage. 2001 wurde die Schmelze der Öffentlichkeit zugänglich gemacht und stellt nicht nur einen interessanten Ort in Sachen Historie dar. Ein ebenfalls dort gelegener Teich ist ein sehenswertes Biotop, das von seltenen Insekten und Amphibien bevölkert wird.

Im Oktober 2022 wurde das Areal modernisiert. Ein neuer Rundweg lädt zum Spaziergang ein, und 3-D-Bildtafeln zeugen vom damaligen Leben.

Adresse 53474 Bad Neuenahr-Ahrweiler | Anfahrt westlich der L 8 von Ahrweiler nach Ramersbach, gegenüber der »Ahrweiler Schuttkaul« | Öffnungszeiten jederzeit zugänglich | Tipp Noch vor dem Erreichen der »Eisenschmelze« liegt an der Ramersbacher Straße 95 die BABZ, die bundesweit einzigartige Bundesakademie für Bevölkerungsschutz und Zivile Verteidigung, inklusive einem nachgebauten Straßenzug zu Übungszwecken.

9 Die Elektrische Gleislose

Komfortabel unterwegs für 35 Pfennig

Neben dem ohnehin mondänen Lifestyle, der im Kurbad Bad Neuenahr um die Jahrhundertwende herrschte, wurde den betuchten Badegästen auch die Möglichkeit des komfortablen Transports innerhalb der Stadt geboten. Und das dank der sogenannten »Elektrischen Gleislosen Bahn«. Dabei handelte es sich nicht um eine Straßenbahn, sondern um mittels elektrischer Oberleitung angetriebene Omnibusse.

Die Jungfernfahrt fand am 26. Mai 1906 statt. Gemäß dem kurstädtischen Lebensstil war diese »Elektrische Gleislose« keine »Holzklasse«. In einem pompösen Waggon wurden die Damen und Herren von Welt vom historischen Neuenahrer Stadtteil Wadenheim bis Walporzheim kutschiert. Mitfahren durfte jeder, der es sich leisten konnte: 15 bis 35 Pfennig nahm der Chauffeur pro Fahrgast je nach Streckenlänge entgegen.

Die Bahn tuckerte mit 22 Kilometern pro Stunde über eine 5,5 Kilometer lange Strecke und bezog ihre Energie von Kupferleitungen, die unter lebensgefährlichen 550 Volt standen. Sie war ein großer Erfolg. Bis zu 130.000 Fahrgäste wurden in manchen Jahren gezählt. Doch dann kam der Erste Weltkrieg. Die Chauffeure wurden eingezogen und das Kupfer der Oberleitungen als kriegswichtiges Material eingeschmolzen. 1917 fuhr die »Elektrische Gleislose« das letzte Mal. Eine Tour ist legendär: Einst wollten Ahrweiler Junggesellen mit einigen Damen zum Weintrinken nach Walporzheim fahren. So lautete zumindest der Plan. Doch nach wenigen Metern dachten die Herren, dass das Trinken ohne Weiblichkeit erquicklicher sei. So koppelten die durstigen Männer den Waggon, der die Frauen geladen hatte, auf halben Wege ab.

Viel erinnert nicht mehr an diese Episode der Ahrstadt. Doch wer genau hinschaut, der entdeckt noch die massiven metallenen Ringe, an denen die Kupferleitungen aufgehängt waren. Insbesondere in der Oberhutstraße findet man diese Aufhänger noch.

Adresse Oberhutstraße, 53474 Ahrweiler | **ÖPNV** Ahrtalbahn, Haltestelle Ahrweiler Markt | **Anfahrt** vom Ahrtor (L 84) kommend zunächst der Bossard-, dann der Alveradisstraße bis zum Parkplatz am Obertor folgen, dort parken | **Tipp** Die Oberhutstraße ist eine eher ruhige Einkaufsstraße mit urigen Gasthäusern und erstklassigen Handwerksbetrieben.

10 Das Haus der Schützen

Vom Vorderlader bis zur Schützenkrippe

Seit Jahrhunderten ist das Schützenwesen fest mit Ahrweiler verbunden. Ob Aloisiusjugend, Junggesellen- oder Bürgerschützen, praktisch alle (männlichen) Altersklassen sind in einer der Schützengesellschaften aktiv. Beim alljährlichen Schützenfest dominieren die Grünröcke das Stadtbild. Doch das weitverzweigte Ahrweiler Schützenbrauchtum bringt auch so manche Kuriosität hervor. Da wären der historische, in der Nacht auf den Dreifaltigkeitssonntag stattfindende Trinkzug durch die Stadt oder die von der St.-Sebastianus-Bürgerschützen-Gesellschaft eigens betriebenen Weinberge, aus deren Trauben der begehrte »Schützenwein« – ein trockener Spätburgunder – gekeltert wird. Sowohl der historische Trinkzug als auch die Eigenproduktion von Wein sind weltweit einmalig für eine Schützengesellschaft.

Da jedoch aller guten Dinge drei sind, gibt es inmitten der Altstadt das »Haus der Schützen«. Dessen unumstrittene Besonderheit ist das ebenfalls ziemlich einzigartige Schützenmuseum. Und dieses ist keineswegs nur für schützenaffine Zeitgenossen eine Fundgrube. Alte Uniformen, die mit ihrem schweren Filzstoff schon beim Betrachten die Schweißproduktion anregen, uralte Waffen – vom wuchtigen Vorderlader bis zur überdimensionalen Flinte –, filigrane Schützenpokale und Königsschilder sorgen vor allem bei jenen Besuchern für ungläubiges Staunen, die sich zuvor wenig bis gar nicht mit dem Schützenwesen beschäftigt haben. Eine Bildergalerie, ein Filmarchiv und das ominöse »Seelenbuch« von 1655, in das sich jeder neue Bürgerschütze eintragen muss, runden die Schau ab.

Von der Flutkatastrophe im Juli 2021 wurde auch das Schützenmuseum erheblich heimgesucht, dabei wurde ein Teil der Exponate beschädigt. Mittlerweile konnten glücklicherweise etliche Artefakte wie beispielsweise eine Schützentruhe von 1903 oder ein Teil der »Seelenbücher« wieder restauriert werden.

Adresse Auf der Rausch 4a, 53474 Ahrweiler, www.haus-der-schuetzen.de | **ÖPNV** Ahrtalbahn, Haltestelle Ahrweiler Markt, von dort 10 Minuten zu Fuß | **Anfahrt** von der Altenbaustraße auf die Oberhutstraße, von dort circa 250 Meter zu Fuß, Parkplätze im Parkhaus Altenaustraße | **Öffnungszeiten** nach Terminvereinbarung, Kontaktdaten und Infos zu Sonderausstellungen siehe Website | **Tipp** Direkt neben dem »Haus der Schützen« befindet sich mit der Blankartsmühle eine noch erhaltene der ehemals zwölf historischen Ahrweiler Mühlen.

11 Der Kreuzweg

Ein Unikat im religiösen Brauchtum Ahrweilers

Jedes Jahr zur Fastenzeit finden in den Bistümern sogenannte Kreuzwegandachten statt. Meistens am Karfreitag schreiten die Vertreter der Kirche und zahlreiche Gemeindemitglieder die Stationen ab, die dem Weg Jesu bis zur Kreuzigung nachempfunden sind. Kreuzwege gibt es in vielen Orten, der in Ahrweiler ist jedoch etwas ganz Besonderes. Während der Leidensweg – beginnend am Hof des Pontius Pilatus bis zur Grablegung auf dem Berg Golgatha – oftmals in Reliefs dargestellt wird, gibt es in der mittelalterlichen Stadt ganze Bildstöcke mit langer Historie.

Am 18. Mai 1732 erfolgte die Grundsteinlegung des Kreuzwegs, der traditionell über 14 Stationen führt. Damals wurde die am Ahrtor gelegene erste Station unter großer Anteilnahme der Bürgerschaft offiziell eingeweiht. Die restlichen 13 Stationen, allesamt im gotischen Baustil gehalten, säumen den Weg bis zum Kloster Calvarienberg.

Ahrweiler war bereits zu jener Zeit eine wohlhabende Stadt. Es waren die Bürger, der Rat und die Zünfte, die die Errichtung des Kreuzwegs mitsamt der Bildstöcke dank ihrer finanziellen Unterstützung überhaupt erst möglich machten. Im Laufe der Jahrhunderte zogen jedoch manche der Bildstöcke innerhalb des Stadtgebiets um. So unter anderem auch die erste Station, die sich heute an der Ecke Brückenstraße / Kalvarienbergstraße befindet. Auch der Zweite Weltkrieg hinterließ an den Bildstöcken seine zerstörerischen Spuren.

Und der Zahn der Zeit nagte ebenso an ihnen. Als im Jahr 2000 der Punkt der Renovierungsbedürftigkeit bereits weit überschritten war, fasste der örtliche Heimatverein den Plan, die Stationen auf eigene Kosten wiederherzurichten. Neben den bekannten Wanderrouten des Ahrtals bietet sich der Kreuzweg für einen entspannten Spaziergang an, der auch für Nichtgläubige durchaus interessant ist und einen Einblick in das religiöse Leben der Stadt gewährt.

Adresse erste Kreuzwegstation: Ecke Brückenstraße / Kalvarienbergstraße, 53474 Ahrweiler | **ÖPNV** Ahrtalbahn, Haltestelle Ahrweiler Markt | **Anfahrt** von der A 573 in die Wilhelmstraße, ab Höhe Ahrtor der Friedrichstraße folgen, dann links in die Brückenstraße abbiegen | **Tipp** Wer den Kreuzweg entlangpilgert, kommt unweigerlich am alten Klostergarten vorbei, dessen Areal auch heute noch durch eine große Bruchsteinmauer vor neugierigen Blicken bewahrt wird.

12 Die Maibachklamm

Ein Spaziergang durch eine zauberhafte Welt

Der Maibach im Südwesten von Ahrweiler heißt eigentlich gar nicht Maibach, sondern Wingstbach. Aber egal. Das kleine Fließgewässer bewies im Laufe der Jahrtausende Kraft und Ausdauer und schliff eine Schlucht, eine Klamm, in den schroffen Fels, die man auf den Namen Maibachklamm getauft hat. Der Bach fließt auch heute noch als wilde Lebensader in Richtung Ahr und wird von einem schmalen Pfad gesäumt. Ein gutes Dutzend kleiner Holzbrücken quert den quirligen Wasserlauf. Die Klamm unterhalb des Klosters Calvarienberg führt vom Kreuzweg direkt zum Wanderparkplatz und Schützenplatz, der sogenannten Quarzkaul, und bietet Einblicke in eine nahezu unberührte Natur. Kaum mehr als einen Fuß ist der schmale Wanderweg breit, der durch einen Wald verläuft.

In vielen Erzählungen stößt man immer wieder auf die Klamm. Auch in neueren Geschichten. Diese nehmen weniger Bezug auf das Naturerlebnis, sondern auf die Klamm als Schauplatz romantischer Liebeleien. Denn das nahe gelegene Kloster mit angeschlossenem Gymnasium war bis in die 2000er Jahre ein reines und noch dazu erzkatholisches Mädcheninternat. Die Maibachklamm mit ihren vielen Windungen und Winkeln bot den Schülerinnen ein willkommenes Refugium für manch unschuldiges Tête-à-Tête.

Dass die Maibachklamm heute in dieser Form existiert, ist dem Ahrweiler Gastwirt Matthias Mies zu verdanken. In den 1920er Jahren streifte Mies nach langen Arbeitstagen hinter dem Tresen seines Gasthauses »Vier Winde« in der Oberhutstraße gern durch die Natur. So wurde er auf die – damals zugewucherte – Klamm aufmerksam. In Zeiten des aufkeimenden Tourismus in Ahrweiler erkannte er die Vermarktungschance der Schlucht. Mies war nicht nur Gastronom, sondern auch Erster Beigeordneter der Stadt. Im Jahr 1929 setzte der emsige Mann seine Pläne um und zeichnet so für den Bau der vielen kleinen Brücken verantwortlich.

Adresse Im Maibachtal, 53474 Ahrweiler | **Anfahrt** von der Blandine-Merten-Straße in Ahrweiler aus kommend Maibachklamm westlich des Klosters Calvarienberg, nach einigen Metern Namenswechsel zu »Im Maibachtal« | **Tipp** Die Winzer des Weinguts Maibachfarm haben sich dem biologischen Weinanbau verschrieben.

13 Der Mühlenteich

Der kuriose Verlauf des »fleißigen Bachs«

Ein Bach entspringt einer Quelle und mündet meist in einen Fluss. So kennt man es, doch beim Ahrweiler Mühlenteich verhält es sich anders. Er ist schon ein Bach, ganz sicher. Aber er entspringt der Ahr und mündet auch wieder in diese. Somit ist er eher ein kleiner Bruder des großen Flusses. Als beschauliches Gewässer müsste sich der Mühlenteich nicht verstecken – er macht es aber trotzdem. Denn einige Abschnitte des 4,5 Kilometer langen Wasserlaufs befinden sich kanalisiert unter der Ahrweiler Altstadt.

Seinen Ursprung hat der Mühlenteich an der Ahr in Walporzheim. Von dort schlängelt er sich an der »Dr. von Ehrenwall'schen Klinik« und der »Schicks Mühle« vorbei. Danach verschwindet er ein erstes Mal unter dem Obertor, um sich wenige Meter später, am Rodderhof – einem geschichtsträchtigen Gebäude, in dem heute ein Hotel untergebracht ist –, wieder zu zeigen. Schließlich fließt der Bach nach Osten, macht einen Knick, um unterirdisch in Richtung Marktplatz zu verlaufen. Dann geht es weiter im Erdreich die Niederhutstraße entlang. In der Altstadt zeigt er sich noch einmal. Danach legt er weitere Meter in Richtung Bad Neuenahr zurück. Dort vereint sich der kleine Bruder Mühlenteich wieder mit der »großen« Ahr.

Folgt man dem Verlauf des Mühlenteichs in Ahrweiler, ist das zugleich eine Sightseeingtour durch das Städtchen. Erstmals Mitte des 11. Jahrhunderts erwähnt, ist er sogar älter als die Stadtmauer. Der Mühlenteich wurde auch »fleißiger Bach« genannt, weil er früher insgesamt sieben Mühlräder im Stadtgebiet antrieb. Der Mühlenteich soll übrigens Wünsche erfüllen. Um dem Glück auf die Sprünge zu helfen, werfen Passanten gern Kleingeld in den Bach.

Das eigentlich idyllische Gewässer lag nach der Flut lange trocken. Denn durch die Katastrophe änderte sich die Höhe des Ahrpegels, sodass der Mühlenteich einige Zeit nicht mit Wasser gespeist wurde.

Adresse 53474 Ahrweiler | **ÖPNV** Ahrtalbahn, Haltestelle Walporzheim | **Anfahrt** von der B 267 aus Richtung Ahrweiler | **Tipp** Es gibt nicht nur in Ahrweiler einen Mühlenteich. Auch durch den Ortsteil Heimersheim plätschert ein Bach mit dem gleichen Namen.

14 Der Patenschaftsweinberg

Traubenlese an der eigenen Rebe

Dass der Ahrwein zahlreiche Fans aus nah und fern hat, ist alles andere als ein Geheimnis. Dabei geht die Liebe zu Spätburgunder und Co. bei vielen über das bloße Weintrinken hinaus. Ob Weinbergwanderung, Winzerfestbesuch oder Weinkellerbesichtigung – es gibt etliche Möglichkeiten, die Beziehung zum Ahrwein ganzheitlich zu vertiefen. Manche Winzer ermöglichen weinaffinen Menschen sogar die Mitarbeit bei der Traubenlese.

Aber was ist das alles schon gegen einen eigenen Weinberg oder zumindest einen eigenen Rebstock? Das dachte sich auch die Dagernova Weinmanufaktur, als sie 2012 mit der Anlage von Patenschaftsweinbergen in Bad Neuenahr (Sonnenberg), Marienthal (Rosenberg) und unweit des Hotels »Hohenzollern« hoch über Ahrweiler und Walporzheim begann. Das traf offenbar genau den Nerv der Weinfreunde, denn die verfügbaren Rebstöcke haben sich im Laufe der Zeit zu echten Verkaufsschlagern entwickelt. Die Bedenken so mancher Winzer, die sich fragten, wer denn Geld dafür ausgebe, um Trauben lesen zu dürfen, erwiesen sich als absolut unbegründet.

Schmucke Schiefertafeln zeigen im Wingert die Namen der Rebstockpaten an, die vom Winzer über alles, was so am Weinberg und um die Rebe(n) passiert, auf dem Laufenden gehalten werden. Zur Lese darf der Weinstock vom Paten selbst abgeerntet werden, anschließend gibt es im Weinberg einen rustikalen Imbiss mit Blick auf das Ahrtal und später zwei Flaschen Wein aus dem Patenschaftsweinberg. Auch eine Urkunde samt Anfahrtsskizze und Rebstock-Lageplan ist im Gesamtpaket enthalten. Die Weinstockpatenschaften sind ein beliebtes Geschenk, die Käufer kommen überwiegend aus Rheinland-Pfalz und dem nahen Nordrhein-Westfalen, aber beispielsweise auch aus den Niederlanden, der Schweiz und England. Dem Vernehmen nach sollen sich sogar einige bekannte Promis einen Ahr-Weinstock gesichert haben.

Adresse Am Silberberg, 53474 Ahrweiler | **ÖPNV** Ahrtalbahn, Haltestelle Ahrweiler Markt, von dort circa 1 Stunde zu Fuß | **Anfahrt** von der B 267 auf Am Silberberg abbiegen, der Straße folgen, vorbei am Hotel »Hohenzollern«, von dort knapp 200 Meter zu Fuß | **Tipp** Ebenfalls am Silberberg, jedoch im Tal, befindet sich das Museum Römervilla mit der größten römischen Villa nördlich der Alpen (Am Silberberg 1).

15 Das römische Bad

Badefreuden unter der B 267

Dass die Römer im Ahrtal reichlich Spuren hinterlassen haben, ist kein Geheimnis. Mit dem Museum Römervilla findet sich in Bad Neuenahr-Ahrweiler gar die größte bislang bekannte römische Villa nördlich der Alpen. Sozusagen eingepfercht zwischen Kreisverwaltung, Bundesstraße 267 und einem asphaltierten Weinbergweg rechnet man indes nicht mit Hinterlassenschaften der Römer, weshalb das »römische Bad« auch ein fast unbekanntes Dasein fristet. Zu Unrecht, denn dort, wo täglich Tausende Autos in Richtung Mittelahr oder Rhein unterwegs sind, bietet die Unterwelt einen kleinen, aber feinen Ausflug in die Antike.

Das einst zu einer für damalige Verhältnisse stattlichen Villa Rustica im Bereich der heutigen Kreisverwaltung gehörende Bad mit seinen noch erhaltenen Mauerresten wurde 1912 bei Bahnbauarbeiten entdeckt und ist nur über einen rund 40-stufigen Abstieg zu erreichen. Hier können nicht nur die antike Badekultur, sondern auch etliche römische Exponate, Modelle des römischen Lebens im Ahrtal und der originalgetreue Nachbau eines zeitgenössischen Geschützes besichtigt werden – Letzterer übrigens voll funktionsfähig. Illustrierte Infotafeln berichten von der Geschichte der Villa Rustica unter dem Landratsamt.

Dass das Bad aus seinem jahrzehntelangen Dornröschenschlaf erweckt wurde, ist in erster Linie Bernd Walther und Michael Schneider zu verdanken, die in unzähligen ehrenamtlichen Arbeitsstunden die frühere Ausgrabungsstätte in ein informatives Museum an einem ungewöhnlichen Ort verwandelten und in der Regel während der Öffnungszeiten als kompetente Ansprechpartner hier auch anzutreffen sind. Seit 2014 ist das römische Bad bei freiem Eintritt für die Öffentlichkeit zugänglich, und wer für einen Moment die Gedanken rund 2.000 Jahre zurückschweifen lässt, für den hört sich der brausende Verkehr der B 267 an wie das Wasser der badefreudigen Römer.

Adresse Am Weiherberg, 53474 Ahrweiler | **ÖPNV** Ahrtalbahn, Haltestelle Ahrweiler, von dort rund 250 Meter Luftlinie | **Anfahrt** von der Wilhelmstraße auf die Elligstraße und weiter auf Am Weiherberg, Parkplätze am Anfang der Straße, von dort circa 300 Meter zu Fuß; Achtung: nicht direkt über die B 267 zu erreichen | **Öffnungszeiten** Ostern–Okt. in geraden Kalenderwochen So 14–16 Uhr | **Tipp** Wer gegenüber dem Eingang zum römischen Bad die lange, steile Treppe durch die Weinberge bezwingt, landet oben am Weg nach Lantershofen, wo sich ein beeindruckender Blick über das Ahrtal bietet.

16 Schicks Mühle

Von der Kornmühle zum Parkareal

Kein Mühlstein schrotet das Korn, kein Mühlrad dreht sich mehr. Es ist nur noch wenig von »Schicks Mühle« vor dem Obertor vorhanden. Heute erinnert ein Mühlrad an die lange und bewegte Geschichte eines langlebigen Müllerbetriebs.

Vor nahezu 550 Jahren war die Mühle im Besitz der Grafen von Arenberg. Damals war sie eine von vielen, in denen das Ahrweiler Getreide zu Mehl gemahlen wurde. Angetrieben durch die Wasserkraft des Mühlenteichs, eines kleinen Bachs, der heute in weiten Teilen kanalisiert unter der Ahrweiler Altstadt fließt, bildeten die Mühlen im Bereich westlich des Obertors ein Zentrum des Müllerhandwerks.

Die Grafen besaßen ein weitläufiges Gelände mit vielen verschiedenen Gebäuden. Neben der Mühle gab es eine Wasserburg, die dort stand, wo heute der Ahrweiler Winzer-Verein seinen Sitz hat. Zur Burg gehörte der Kautenturm, der im Jahr 1811 abgerissen wurde. 1860 ging die Mühle in den Besitz der Müllerfamilie Schick über. Daher rührt auch der Name »Schicks Mühle«. 67 Jahre betrieb die Familie die Kornmühle, bis das Gebäude schließlich 1927 bei einem großen Brand zerstört wurde. Neben der Mühle existierten hier die Gaststätte »Ahrweiler Winzerhof Sankt Matthias« und das »Hotel Zur alten Mühle«.

Heute ist von der Bebauung nur noch wenig übrig, mit einem guten Auge lassen sich aber die alten Außenmauern und Fassaden erkennen. Und das Mühlrad ist noch da. Seit 1996 dreht es sich wieder in der Straße »Am Mühlenteich«. Das Areal ist Teil einer Parkanlage der »Dr. von Ehrenwall'schen Klinik«, einer großen Fachklinik für Psychiatrie und Psychotherapie. Die lange Geschichte des Ortes ist jedoch nicht vergessen: Die tagesklinische Einrichtung der »Ehrenwall'schen« trägt den Namen »Haus Mühle«. Somit wurde dem bedeutenden und jahrhundertealten Müllerhandwerk in Ahrweiler ein Denkmal der etwas anderen Art gesetzt.

Adresse Walporzheimer Straße, 53474 Ahrweiler | **ÖPNV** Ahrtalbahn, Haltestelle Ahrweiler Markt, von dort etwa 150 Meter zu Fuß | **Anfahrt** von der L 83 kommend der Wilhelmstraße folgen, im Kreisel vor dem Ahrtor die erste Ausfahrt auf die Bossardstraße nehmen, geht in die Alveradisstraße, dann in die Walporzheimer Straße über | **Tipp** Einige Meter weiter befindet sich der Ahrweiler Winzer-Verein. Gerade zur Lesezeit im September und Oktober wird dort ein sehenswertes Spektakel geboten, wenn die Winzer ihre Trauben zur Öchsle-Bestimmung abliefern. Hier kann man auch an Weinproben teilnehmen (www.ahrweiler-winzerverein.de).

17 Das schiefste Haus von Ahrweiler

Schräge Mauern dank der Obrigkeit

Die Geschichte Ahrweilers reicht weit zurück. Erstmals urkundlich erwähnt wird das Örtchen im Jahr 893 im »Prümer Urbar«, dem Güterverzeichnis der Benediktinerabtei in Prüm in der Eifel. Eines vorab: Von den darin aufgeführten Gebäuden steht kein einziges mehr. Aber auch die Häuser, die danach entstanden, passen mit ihrem rustikalen Charme wunderbar ins Ortsbild. Dasselbe gilt für die Gebäude in der Nähe des Ahrtors, die den Luftangriffen während des Zweiten Weltkriegs zum Opfer fielen und in den Jahren danach wiederaufgebaut wurden. Die rekonstruierten Häuser waren ebenso schief wie ihre Vorgänger und hatten teilweise noch in den 1990er Jahren Sickergruben, bis diese durch eine moderne Sanitärausstattung ersetzt wurden.

Vom Krieg, aber auch vom Gebrauch der Wasserwaage verschont blieb das Fachwerkhaus Nummer 24 in der Plätzerstraße. Das mutmaßlich schiefste Gebäude in Ahrweiler wirkt nach hinten gekippt, und die Mauern stehen mehr im 75-Grad- als im rechten Winkel. Kurzum: ein echtes Kuriosum. Früher war es Teil einer Hofanlage, die irgendwann vor 1775 erbaut wurde, bestehend aus einem Wohnhaus und einem Wirtschaftsgebäude. Der Bauherr war seinerzeit ein gewisser Caspar Koch. Dass das Häuschen schief ist, kann man ihm jedoch nicht krummnehmen. Schuld war die Politik. Denn im 18. Jahrhundert oblag die Zuteilung von Baumaterial dem Rat des Ortes. Wurde das Holz, ganz gleich, wie es gewachsen war, nicht innerhalb eines Kalenderjahres verbaut, ging es zurück in den Besitz der Stadt. Sozusagen nach dem Motto »Friss oder stirb.« Caspar Koch blieb offensichtlich keine andere Wahl, als das erhaltene Holz zu verwenden. Solide war das Koch'sche Haus trotzdem, schließlich steht es auch heute noch in seiner ganzen schiefen Pracht in der Plätzerstraße und wird nach wie vor bewohnt.

Adresse Plätzerstraße 24, 53474 Ahrweiler | **ÖPNV** Ahrtalbahn, Haltestelle Ahrweiler Markt | **Anfahrt** auf der L 84 bis zum Ahrtor, links der Friedrichstraße folgen bis zum »Durchbruch«, einem Zugang zur Altstadt (dort Parkplätze vorhanden), und auf die Plätzerstraße | **Tipp** Nicht nur innerhalb der Stadtmauer bietet Ahrweiler sehenswerte Flecken. Man kann auch außerhalb der Befestigungsanlage einmal um die Altstadt herumgehen. Der Wallgraben punktet mit üppiger Blumenpracht und feierlicher Beleuchtung.

18 Das Sgraffito

Bildende Kunst im öffentlichen Raum

Hanns Matschulla konnte aus jedem Material Kunst erschaffen. Der Bildhauer, der 1901 in Oberschlesien geboren wurde und Ahrweiler zu seiner Wahlheimat erkor, war jedoch ein wahrer Meister, wenn es um die Materialien Holz und Stein ging. Während die meisten seiner Werke im öffentlichen Raum stehen, gibt es auch zahlreiche Gebrauchsgegenstände wie Kisten, Truhen und Fässer, die sich im Privatbesitz von Ahrweiler Bürgern befinden.

Bereits 1927 zog es den jungen Künstler an die Ahr, der er stets treu blieb. Viele Jahre lang wirkte er in seinem Atelier in der Eifelstraße und kämpfte sich durch das unstete Künstlerdasein. Heute sind seine Werke Zeugnisse seines unbändigen Schaffensdrangs und großer Kreativität. Am bekanntesten sind das Kriegsopfer-Denkmal vor dem Ahrtor und die Figur der heiligen Barbara an der Innenseite dieses Stadttors. Matschulla schuf auch mehrere Grabsteine und -kreuze, die Familien bei ihm in Auftrag gaben. Der Wahl-Ahrweiler war zudem ein begabter Maler, wie die Christusdarstellung in der Kapelle in Bölingen anschaulich bezeugt. Außerdem gehörte er zu den Mitbegründern der »Are-Künstlergilde«. Die Vereinigung ist nach wie vor eine gute Adresse für erstklassige Kunst – nicht zuletzt wegen der regelmäßig veranstalteten Ausstellungen und Events.

Eines der markantesten Werke Matschullas ist ein Sgraffito an der Außenfassade der Aloisius-Grundschule. Die liebenswerte und moderne Darstellung wurde das Wahrzeichen der Schule, verschwand aber beim Umzug in die Blankartstraße an einer eher versteckten Stelle der Eingangshalle. Der Heimatverein »Alt-Ahrweiler« veranlasste daraufhin, dass das Matschulla-Werk im Zuge einer Sanierung des Gebäudes im Jahr 2011 wieder zurück an die Fassade kam. So wurde dem umtriebigen Künstler, der 1971 starb, ein spätes, aber liebevolles Denkmal mit einem eigenen Werk gesetzt.

Adresse Blankartstraße 13, 53474 Ahrweiler | **ÖPNV** Ahrtalbahn, Haltestelle Ahrweiler Markt | **Anfahrt** über die L 84, der Wilhelmstraße folgen, beim Kreisel am Niedertor die zweite Ausfahrt nehmen, dann links in die Joerresstraße, anschließend rechts in die Römerstraße und wieder links in die Blankartstraße | **Tipp** Die Straße ist nach den Herren von Blankart benannt. Der Blankartshof, der einstige Sitz des Adelsgeschlechts, befindet sich im historischen Stadtkern in der Ahrhutstraße. Dort sind die Tourist-Information und das Stadtarchiv untergebracht.

19 Der Silberbergtunnel

Von der Notzuflucht zum Freilichtmuseum

Dass die hoch über Ahrweiler gelegene Gedenkstätte Silberbergtunnel selbst manchem Einheimischen unbekannt ist, mag sicherlich auch daran liegen, dass dieser Ort gleich zwei Publikumsmagnete des Ahrtals, das Museum Römervilla und die »Dokumentationsstätte Regierungsbunker«, in direkter Nachbarschaft hat. Dabei ist die im Juli 2004 vom Heimatverein »Alt-Ahrweiler« eröffnete und als Freilichtmuseum gestaltete Gedenkstätte nicht nur wegen ihrer historischen Bedeutung interessant, sondern auch wegen ihrer malerischen Umgebung. Von der Adenbachhütte sind es nur wenige Meter, bis der Silberbergtunnel erreicht ist.

Vor Ort bietet sich dem Besucher ein Bild, das nachdenklich stimmt. Barackenwände aus Holz, ein provisorischer Briefkasten und auf das Notwendigste reduzierte Kochstellen und Heizöfen. Der Zweite Weltkrieg ist mit der traurigen und beklemmenden Geschichte des Silberbergtunnels eng verbunden. In den beiden letzten Kriegsjahren suchten rund 2.500 Einwohner von Ahrweiler in dem alten, für eine nie fertiggestellte Bahnlinie gebauten Eisenbahntunnel Zuflucht vor den gefürchteten Bombenangriffen und Tieffliegern, die mit ihren Bordwaffen für Angst und Schrecken sorgten. Es entstand eine »Stadt im Berg«, in der vor allem improvisiert werden musste.

Dennoch gab es eine »Hauptstraße« und durch Holzwände abgetrennte »Wohnungen« mit »Hausnummern«, der Briefträger verteilte die Post, und Sanitätsrat Dr. Georg Habighorst behandelte die Kranken, so gut es unter diesen widrigen Bedingungen möglich war. Die Bewohner verließen den Tunnel in der Regel nur nachts. All dies lässt sich heute natürlich nur noch erahnen, und doch vermittelt ein Besuch dieses ganz besonderen Freilichtmuseums, wie entbehrungsreich das Leben in dem feuchten, dunklen Tunnel, der zuvor unter anderem zur Champignonzucht genutzt worden war, gewesen sein muss.

Adresse 53474 Ahrweiler | **ÖPNV** Ahrtalbahn, Haltestelle Ahrweiler Markt | **Anfahrt** L 83 Richtung Walporzheim, über die Alveradisstraße zum Adenbachtor, dann den Berg gegenüber hochfahren und der Beschilderung bis zur Adenbachhütte folgen, die letzten 50 Meter zu Fuß | **Tipp** Ganz in der Nähe stehen die »Schwurfinger«, Pfeiler für eine in den 1920er Jahren geplante Eisenbahnbrücke, die jedoch nie fertiggestellt wurde.

20 Der Weinbaulehrpfad

Outdoor-Einblicke in die Vino-Wissenschaft

Die Arbeit eines Ahrwinzers ist durchaus mit romantischen Vorstellungen verbunden. Mit viel Leidenschaft und Herzblut ringt er dem kargen Boden die feinsten Trauben ab und verwandelt sie in köstlichen Rot- oder Weißwein, Spätburgunder oder Blanc de Noir. Gut, das mag alles stimmen. Doch die Arbeit eines Winzers ist vor allem eines: wirklich hart. Um den Winzer-Kosmos auch den Ahrtal-Besuchern nahezubringen, gibt es den Weinbaulehrpfad inmitten der Weinberge. Dieser führt über den beliebten Rotweinwanderweg und informiert auf 31 Schautafeln mit Illustrationen über die diversen Rebsorten an der Ahr, das Klima und die Bodenbeschaffenheit. Anschaulich werden auch die unterschiedlichen Tätigkeiten des Winzers im Jahresverlauf erklärt. So können sich interessierte Wanderer über die Herausforderungen des Arbeitens im »Wingert«, wie der Weinberg im Ahrtal genannt wird, kundig machen. Der Weg hat eine Gesamtlänge von 6,5 Kilometern. Vielerorts laden Bänke zu einer Rast ein, um den freien Blick auf die wunderschöne Rotweinmetropole Ahrweiler zu genießen.

Der Weinbaulehrpfad wurde im Jahr 1984 mit einem großen Festakt eingeweiht. Das löste einen regelrechten Wanderboom aus. Zeitzeugen sprachen seinerzeit von einer wahren Völkerwanderung. Die Heerscharen bleiben zwar heute aus, dennoch ist der Rotweinwanderweg nach wie vor stark frequentiert.

Erneuert wurde der Weinbaulehrpfad 1999. Dementsprechend haben die Schautafeln inzwischen einen etwas angestaubten, gleichwohl aber rustikalen und ganz und gar nicht veralteten Charme. Start des Weinbaulehrpfads ist in Ahrweiler kurz vor dem Adenbachtor. Da es sich nicht um Steillagen handelt, ist der Weg nicht allzu beschwerlich und auch für Anfänger geeignet.

Der Weinbaulehrpfad schlängelt sich ganz nah an anderen Sehenswürdigkeiten vorbei. Eine davon ist das Weltjungendtag-Kreuz, das 2005 aufgestellt wurde.

Adresse Ecke Alveradisstraße/Hochstadenstraße, 53474 Ahrweiler | **ÖPNV** Ahrtalbahn, Haltestelle Ahrweiler Markt, von dort etwa 20 Meter zu Fuß | **Anfahrt** von der L 83 kommend der Wilhelmstraße folgen, im Kreisel vor dem Ahrtor die erste Ausfahrt auf die Bossardstraße nehmen, wird zur Alveradisstraße | **Tipp** Folgt man dem Weg, kommt man zur Adenbachhütte, einem beliebten Anlaufpunkt für Wanderer.

21 Die Weinberg-Grabstätten

Letzte Ruhe neben Reben

Es liegt in der Natur der Sache, dass in der Weinkulturlandschaft Ahrtal zahlreiche Menschen eine überaus enge Beziehung zu den Reben haben, an denen die Weintrauben gedeihen. Eine Tatsache, die Bestatter Heinz-Peter Hoppe auf die Idee brachte, den Weinberg im wahrsten Sinne des Wortes mit ins Jenseits zu nehmen. So entstand Anfang 2017 auf dem hoch über Ahrweiler gelegenen, 1974 eröffneten Bergfriedhof ein kleiner Weinberg, der für die sogenannten »Weinbergs-Bestattungen« zur Verfügung steht – deutschlandweit einzigartig und damals ein absolutes Novum. Dort wird die biologisch abbaubare Urne mit den sterblichen Überresten direkt neben einem zur Grabstätte gehörenden Weinstock beigesetzt. In Zeiten, in denen alternative Bestattungsformen zunehmend gefragt sind, erfreut sich das Angebot großer Beliebtheit.

Im Allgemeinen wird die letzte Ruhe inmitten der Natur als tröstliche Vorstellung empfunden. Dabei sind es keineswegs nur Winzer oder sonst in irgendeiner Weise beruflich mit dem Wein verbundene Zeitgenossen, die am Weinberg-Friedhof Gefallen finden – im Gegenteil: Die Mehrheit der bislang hier bestatteten Personen hatte zu Lebzeiten keinen professionellen Bezug zum Rebensaft.

Man muss indes nicht ausgesprochen vinophil sein, um die besondere Aura dieser Ruhestätte mit dem Fernblick auf Ahrweiler und den gegenüberliegenden Silberberg faszinierend zu finden. Einen Friedhofs-Wein gibt es allerdings nicht, da es sich bei den Weinstöcken lediglich um Zierreben der Sorte »Blauer Muskateller« handelt, deren Trauben besonders witterungsbeständig und pilzresistent sind. Der Bergfriedhof ermöglicht übrigens mit dem Friedhain eine weitere naturnahe Bestattungsform für all jene, die lieber unter einem Baum als unter einer Rebe ruhen möchten. Das Konzept ist sehr gefragt, und das »Rebengräberfeld« wurde jüngst ausgeweitet.

Adresse Ramersbacher Straße 80, 53474 Ahrweiler | **Anfahrt** über die L 83 (Ramersbacher Straße) von der Ahrweiler Ortsmitte Richtung Ramersbach | **Tipp** Sehenswert ist auch der Ahrtorfriedhof, auf dem viele berühmte Ahrweiler bestattet sind. Der Friedhof war nach der Flut von 2021 auf der Titelseite der New York Times abgebildet.

22 Die »Wueschkess«

Ahrtaler Spezialitäten 24/7

Das Städtchen Ahrweiler besitzt eine außerordentlich vitale Handwerkerszene. Vor allem jene Gewerke, in denen Meisterhände echte Köstlichkeiten herstellen, haben bei Einheimischen wie Auswärtigen Hochkonjunktur. Ein Beispiel sind hier die traditionellen Bäckereien in der Altstadt, die – der Fachkompetenz sei's gedankt – bisher noch jeder Bäckereikette trotzig die Stirn boten und Filialisten wieder vor die Tore der Stadtmauer verbannten. Kein Wunder, sind die kernigen Brote und süßen Torten bei der Kundschaft doch viel beliebter als eine lauwarme Brezel aus dem Backautomat.

Und dann wäre da ja noch die Fleischerbranche. Mitten in Ahrweiler, genauer in der Oberhutstraße, besteht mit der Metzgerei Ropertz ein beliebter Anlaufpunkt für Fans von Fleisch- und Wurstwaren vom Fachmann. Hier trifft Tradition auf Moderne. Während die Kunden beim Samstagseinkauf wie seit Jahrzehnten bis auf die Straße stehen, wird bei der Fleischproduktion auf Nachhaltigkeit und Qualität geachtet.

Ein Problem hat jedoch derjenige, der die Ladenöffnungszeiten missachtet und plötzlich siedend heißen Hunger auf die Ropertz'schen Fleischwaren hat. Denkste! Die Metzgerei hat vorgesorgt und den ersten Wurstautomaten Ahrweilers aufgestellt. Somit muss jeder, der an Sonn- und Feiertagen oder nachts Lust auf einen fleischigen Snack hat, nicht auf die Minisalamis der örtlichen Tankstellen ausweichen. Kredenzt werden Krakauer mit Rotwein, verschiedene Aufschnitte oder Käse-Knacker. Die Bezeichnung »Wurstautomat« stammt allerdings aus dem Volksmund und wird dem Portfolio nicht gerecht. Steaks, Frikadellen, Suppen und Soßen gibt es ebenfalls im Sortiment. Übrigens: Vor der Flut stand die Maschine am Ahrtor. Nun hat der Automat ein neues Heim am Winzerverein gefunden. So kann zu einem deftigen Pfefferbeißer gleich ein leckerer Wein probiert werden – das hat doch was!

Adresse Walporzheimer Straße 19, 53474 Ahrweiler | **ÖPNV** Ahrtalbahn, Haltestelle Ahrweiler Markt | **Anfahrt** über die Wilhelmstraße, erst auf die Alveradisstraße, dann auf die Walporzheimer Straße | **Tipp** In derselben Straße befindet sich die alte Weinbauschule, die als Kulisse für die TV-Serie »Hallo, Onkel Doc!« diente.

23 Das »Baum-Auto«

Für das Kind im Manne!

Das Thema Mobilität gehört zum Ahrtal einfach dazu. Vor allem die motorisierte Mobilität. Nur einen Katzensprung entfernt liegt der berühmte Nürburgring mit seiner »Grünen Hölle«, die jedem Rennsportfan beim legendären 24-Stunden-Rennen die Verzückung in die Augen treibt. Und dann sind da ja auch noch die ganz normalen Land- und Bundesstraßen, die bei Motorradfreunden als ideale Warm-up-Pisten gelten, sobald im Frühjahr die Bike-Saison startet. Beispiele wie diese gibt es viele an der Ahr. Auch bei der traditionsreichen Rallye Köln–Ahrweiler geht es um die Pferdestärken sehenswerter Karossen.

Ein Automobil der ganz anderen Art findet sich in Altenahr, genauer in der Straße Rossberg. Dort hängt ein alter dunkelgrüner Opel mitten am Hang. An Ort und Stelle gehalten wird das Gefährt der Kategorie »Erstes Auto nach der Lehre« ausschließlich durch einen massiven Baum, der einmal quer durch den Fahrerraum des deutschen Qualitäts-Pkw wuchert. Eine bizarre Laune von Mutter Natur? Quatsch! Die Idee zu dem Kunstwerk hatte Peter Schmitz von einem nahen Autohaus. Unterstützt von weiteren Mitstreitern, sägte er den Opel erst auseinander und setzte das Auto aus Rüsselsheim dann oben am Hang wieder ein. Dies geschah im Sommer 2007, und das Autodenkmal ist seitdem ein richtiger Hingucker. Manchmal halten sogar Busfahrer an, um den Fahrgästen das Fotografieren des Kunstwerks zu ermöglichen.

Mit nur einer Kunst-Karre ist es am Roßberg übrigens nicht getan. Ein zweiter, ebenfalls durchgesägter Kleinwagen steckt in der Wand des Autohauses. Peter Schmitz erklärte einmal im SWR den Grund für sein Hobby: »Meine Frau sagte einmal zu mir: In jedem Manne steckt ein Kind und in dir ein ganzer Kindergarten!« Und tatsächlich kommen auch die Schmitz'schen Autos nicht ohne Spielerei aus: Obwohl beide Fahrzeuge eher schrottreif sind, können sie trotzdem noch blinken.

Adresse Rossberg 91, 53505 Altenahr | **ÖPNV** Ahrtalbahn oder Ersatzverkehr, Haltestelle Altenahr | **Anfahrt** über die B 267 nach Altenahr, in der Ortsmitte auf die Straße Rossberg | **Tipp** In der Nähe liegt die »Martinsnück«, ein Rast- und Aussichtsplatz, der von den Einheimischen »Mätesnück« genannt wird.

24 Die Holzgesichter

Einzigartige Kunst mitten im Wald

Wie ein dichter Schleier legt sich trüber Nebel über die kaum hörbar plätschernde Ahr im Langfigtal. Der Aufstieg zum Schwarzen Kreuz kann für ungeübte Spaziergänger an solchen Tagen besonders mühsam sein, gerade dann, wenn die Trittsteine zum Gipfel nass und rutschig sind. Doch wehe dem, der stehen bleibt, ausruht und zu tief in den kleinen Wald ringsherum blickt! Es besteht die Gefahr, ganz abscheuliche Kreaturen zu erspähen. Der Teufel soll hier sein Unwesen treiben, Hexen sollen in den Bäumen hausen und auch »Ghostface«, der blutrünstige Killer mit dem schwarzen Umhang und der weißen Maske aus der Horrorfilmreihe »Scream«, wurde hier schon gesichtet.

Moment mal. »Ghostface« in Altenahr? Da stimmt doch etwas nicht. Tatsächlich ist die Bedrohung nicht real, aber die genannten Figuren gibt es hier trotzdem. Das ist dem Künstler Tony Görtz zu verdanken. Der Altenahrer malte und schnitzte die Wesen in den 1960er und 1970er Jahren in Eichen und Buchen. Regelmäßig tat er dies in seiner Mittagspause, in der er oft bis zum Schwarzen Kreuz hinaufkraxelte. Stets kurz über dem Wurzelansatz ließ er seiner Phantasie freien Lauf und schuf etwa 30 Baumgesichter. So wuchsen die Kunstwerke im Laufe der Zeit mit. Ringsherum bildeten sich Wülste um die Gesichter, daher sieht es manchmal so aus, als hätten die Fabelwesen Kapuzen an. Ganz klar: Hierbei handelt es sich um eine einzigartige Kunstform, die es in dieser Art nur im Ahrtal gibt. So mancher Betrachter hat die Figuren jedoch zu sehr ins Herz geschlossen: Mittels Motorsäge wurden schon Gesichter aus dem Baum gesägt und mitgenommen – eine echte Sauerei.

Das Werk des Tony Görtz regte auch zum Nachahmen an. Da wären wir wieder bei »Ghostface«, der wohl eher der Hand eines Fans der Görtz'schen Kunst zuzuschreiben ist als dem Maestro selbst. Denn der Killer flimmerte erst Mitte der 90er Jahre über die Bildschirme.

Adresse nahe dem Schwarzen Kreuz, 53505 Altenahr | **ÖPNV** Ahrtalbahn oder Ersatzverkehr, Haltestelle Altenahr | **Anfahrt** über den Fußweg ab Bahnhof Altenahr an der Ahr entlang, Parkplätze am Bahnhof | **Tipp** In Altenahr werden viele Feste gefeiert. Ein Geheimtipp ist die Maateljass, das traditionelle Erntedankfest.

25 Das Langfigtal

Eine Naturidylle für Wanderer und Poeten

Die Ahr hat seit jeher auf viele Menschen eine geradezu verzaubernde Wirkung. Das gilt für Einheimische und Touristen und auch für Poeten wie Gottfried Kinkel. Der beschrieb die Ahrschlingen in Altenahr gar in einem eigenen Buch mit dem schlichten Titel »Die Ahr« aus dem Jahr 1846. Kinkel war besonders von der Landschaft zwischen der schroffen Teufelsley – einer Felswand – und der Burgruine Are angetan.

Heute ist dies ein Naturschutzgebiet namens Langfigtal. Der Eindruck Kinkels ist nachvollziehbar. Der im Ahrtal viel benutzte Stempel »wildromantisch« scheint nirgends besser zu passen als hier. Denn das Tal wirkt wie eine Zauberwelt mit wogenden Wassern, steinalten Bäumen und rauen Felsen. Eine reiche Tierwelt trifft auf eine seltene Fauna. So sollen hier gar 1.000 verschiedene Käferarten gezählt worden sein, fast 500 Schmetterlingsarten und über 30 Vogelarten sollen hier leben, darunter auch seltene Vertreter wie Eisvogel, Wasseramsel und Graureiher. Das ist auch gut so, denn wären hier nicht so viele geschützte Tier- und Pflanzenarten heimisch, wäre das Schicksal des Langfigtals ein anderes gewesen. In den 1960er Jahren soll es nämlich Pläne gegeben haben, in dem wunderschönen Gebiet die Ahr zu stauen, um für genügend Trinkwasser zu sorgen. Eine Vorstellung, die Herrn Kinkel sicher im Grab hätte rotieren lassen.

Trotzdem hat sich das Tal verändert. Bei der Flutkatastrophe im Juli 2021 hat auch das Langfigtal sehr gelitten, das Wasser hat hier besonders gewütet. Der große Parkplatz am Altenahrer Ortseingang wurde komplett fortgespült, Brücken wurden fortgerissen. Dennoch ist das Langfigtal heute wie damals ein wundervolles Kleinod mitteleuropäischer Natur. Auch die beliebte Jugendherberge, die gar nicht weit von der Ahr entfernt liegt und sich ganz dem Thema Naturschutz verschrieben hat, ist wieder für Übernachtungsgäste geöffnet.

Adresse 53505 Altenahr | **ÖPNV** Ahrtalbahn oder Ersatzverkehr, Haltestelle Altenahr | **Anfahrt** A 61, Ausfahrt Altenahr, auf die B 257, der Beschilderung nach Altenahr folgen, auf die B 267 und dann auf die Straße Rossberg, links abbiegen, vor dem Tunnel die erste Straße rechts nehmen | **Tipp** Ganz in der Nähe liegt das Teufelsloch, ein markanter Felsdurchbruch mit sagenhafter Ursprungsgeschichte.

26 Das provisorische Rathaus

Von Rat-, Gast- und Liebeshäusern

Gast- und Rathäuser haben in Altenahr scheinbar eine innige Verbindung. Denn im heutigen Rathaus waren einst Ahrtal-Besucher von nah und fern untergebracht. Das Gebäude beherbergte das Hotel der Familie Fabry, das um das Jahr 1900 gebaut wurde. Heute passiert in jenem Haus aber gar nichts mehr. Zu groß war der Schaden, den die Wassermassen während der Flutkatastrophe im Juli 2021 anrichteten. Das Rathaus war stark mit Heizöl kontaminiert, und die Sanierung ist aufwendig und kostspielig. Ein Ersatz-Rathaus musste also her. Und so zog der Verwaltungstross wieder in ein Gasthaus – und zwar ins Hotel »Am Rossberg«. Das liegt in der gleichnamigen Straße, allerdings den Berg hinauf und fast schon in der Nachbargemeinde Kalenborn.

Nun werden also Amtsgeschäfte und Bürgeranliegen wieder im Hotel verwaltet. Spannender ist aber die Historie des Gebäudes. Einst befand sich hier das Hotel-Restaurant »Haus Sonnenschein«. Das war eine mondäne Unterkunft. Im Indoor-Pool ließ es sich gut planschen, an der Bar wurde an Cocktails genippt, und wer Hunger hatte, durfte beim Mahl einen Ausblick auf sattgrüne Wiesen genießen. Irgendwann endeten die Zeiten des »Sonnenscheins«, und der »Club Coco« zog ein, ein exotischer Swinger-Club, der auf der Höhe des Rossbergs zum Rendezvous der besonderen Art einlud. Unvergessen ist das riesige blau-gelbe Schild, das auf die Möglichkeit zum Swingen hinwies. Unvergessen wird aber auch die Dezembernacht 2004 bleiben, als Verwaltungsbeamte und Polizisten in den Club einrücken wollten. Denn eine Genehmigung zum Betrieb lag nicht vor. Irgendwann war auch dieses Kapitel vorbei. Der »Club Coco« verschwand jedoch nicht aus dem Kollektivbewusstsein. Gerade am Karneval wird er gern noch mal ausgegraben. »Das Rathaus ist zwar nicht historisch, strahlt aber Liebe aus«, hieß es bei einer Büttenrede in der Session 2023. Rathaus-Chef Dominik Gieler nahm es mit Humor.

Adresse Rossberg 143, 53505 Altenahr | ÖPNV Ahrtalbahn oder Ersatzverkehr, Haltestelle Altenahr | Anfahrt über die B 257, dann rechts auf Rossberg | Tipp Direkt neben dem Hotel liegt die bekannte Sommerrodelbahn, die seit vielen Jahrzehnten Alt und Jung erfreut.

27 Das Schwarze und das Weiße Kreuz

Licht und Schatten auf einer Höhenlage

Wanderer, kommst du an die Mittelahr … Der Ort Altenahr bietet mit seinen zerklüfteten Hängen ein großartiges Erlebnis für Wanderfreunde. Ist die steingewordene Ahrtal-Romantik erst einmal erklommen, zeigen sich nicht nur tolle Aussichten, hier oben gibt es sogar einige Schauplätze alter Legenden zu bestaunen. So auch beim Weißen und beim Schwarzen Kreuz.

Aber der Reihe nach: Das Weiße Kreuz steht einige Meter unterhalb des Altenahrer Ecks. Dieses »Eck« selbst ist bereits eine höchst sehenswerte Felsformation. Doch das Sahnehäubchen ist das Wegekreuz aus massivem Eichenholz. Knappe vier Meter hoch, thront es über dem Tal. Über die Errichter ist wenig bekannt. Wahrscheinlich waren es gottesfürchtige Einheimische, die ihre Dankbarkeit auf spirituelle Art und Weise ausdrücken wollten.

Die Errichtung von Gipfelkreuzen auf den Spitzen der Ahrtaler Berge hat eine lange Tradition. Zahlreiche Legenden ranken sich um die hölzernen Denkmale, die für Wanderer beliebte Rastpunkte sind. Genauso schaut es bei dem Pendant des Weißen Kreuzes aus, dem Schwarzen Kreuz. Der Hingucker steht oberhalb der Flurmarkierung »Heisel«, einige Höhenmeter über dem Weinort Altenahr. Nicht nur witterungsbedingt ist das Schwarze Kreuz angegriffen, es wurde auch Opfer einiger eingeritzter Liebesbekundungen. Verübeln kann man das den »Tätern« jedoch nicht. Kaum ein Ort an der Oberen Ahr bietet einen schöneren und romantischeren Ausblick auf Altenahr. Das muss wohl auch der ehrenwerte Herr Jakob Caspary gedacht haben, als er am 11. April 1865 die Grundpfeiler des Schwarzen Kreuzes im Boden verankerte.

Die Kreuze haben eine Gemeinsamkeit: Sie sind Orte der ultimativen Ruhe. Hat man erst einmal den Weg zu ihnen hinauf geschafft, kann von Stress kaum noch die Rede sein.

Adresse 53505 Altenahr | ÖPNV Ahrtalbahn oder Ersatzverkehr, Haltestelle Altenahr, von dort knapp 500 Meter zu Fuß Richtung Mayschoß | Anfahrt A 61, Ausfahrt Altenahr, über die B 257 Richtung Altenahr auf die B 267, in den Ortskern, Wege zum Gipfel gut ausgeschildert, Parkmöglichkeiten an der Ahr | Tipp Altenahr ist ein Gastro-Ort. Es gibt sowohl gutbürgerliche Restaurants als auch eine Vielzahl von Weinstuben, insbesondere entlang der B 267.

28 Die Seilbahn

Vom Hotspot zum Lost Place

Nur 650 Meter Seil trennten die Gäste von einer atemberaubenden Aussicht. Im Jahr 1953 wurde die Seilbahn in Altenahr eingeweiht und genoss innerhalb kürzester Zeit Kultstatus. Denn oben auf der Plattform hatte man einen wunderbaren Blick auf den Ort und das Ahrtal. Und so gab es kaum einen Reiseführer, der nicht mit der Attraktion um die Gunst der Touristen buhlte. Und die Leute kamen. Altenahr mit seiner Seilbahn war in der Nachkriegszeit ein absoluter Hotspot für gut situierte Gäste. Auch die Altenahrer liebten ihre Sesselbahn. Von Weitem erstrahlten die mit Lichterketten geschmückten Sitze, die das betuchte Volk auf ein Gläschen oder mehr zur Gastronomie hinauf auf den Ditschhardt, den großen Berg im Westen Altenahrs, brachten. Ganz standesgemäß errichtete man eine Unterkunft, die den Namen »Berghotel Bellevue« trug. Sogar richtige Berühmtheiten wurden hier »gespottet«: Boxweltmeister Max Schmeling oder Filmstar Romy Schneider haben sich auf den Weg empor getraut. Mit Slogans wie »Komm, siehe und staune« warb man seinerzeit für den exklusiven Ferienort Altenahr auf Ansichtskarten.

Überdauert hat die Seilbahn nicht. Im Jahr 2011 war Schluss, nachdem die Betreiber entschieden hatten, den Betrieb wegen mangelnder Wirtschaftlichkeit einzustellen. Heute gibt's nicht mehr viel, was an die goldenen Zeiten erinnert. Stück für Stück wurde die Bahn abgebaut, und die Natur hat sich der ehemaligen Trasse wieder bemächtigt. Auch oben auf dem Ditschhardt, wo einst das exzellente Hotel stand, kann man heute die Natur bei ihrer Rückeroberung beobachten.

Allein einige Bauten an der Talstation zeugen noch von der einstigen Betriebsamkeit. Die Flut wütete auch in der Seilbahnstraße am Fuße des Gondelvergnügens. Doch die Ahrtaler trotzten dieser Herausforderung mutig, und so eröffneten hier relativ kurz nach der Katastrophe wieder erste Weingüter.

Adresse Seilbahnstraße, 53505 Altenahr | ÖPNV Ahrtalbahn oder Ersatzverkehr, Haltestelle Altenahr, von dort wenige hundert Meter zu Fuß | Anfahrt A 61, Ausfahrt Altenahr, über die B 257 Richtung Altenahr auf die B 267, dann Richtung Adenau, kurz vor dem Ortsausgang rechts in die Seilbahnstraße | Tipp Direkt hinter dem ehemaligen Seilbahn-Areal gibt es einen guten Anschluss an den Ahr-Radweg.

29 Der Strumpfautomat

Erste Hilfe bei Laufmaschen

Vor allem in den 1950er, 1960er und 1970er Jahren war Altenahr so etwas wie das »El Arenal« des Ahrtals. Insbesondere zur Weinfestzeit wurden Besucher – vornehmlich aus dem Ruhrgebiet sowie den Beneluxstaaten – mit Sonderzügen und Reisebussen in das Dorf am Fuße der Burg Are gebracht, um in Weinkellern und Gaststätten reichlich dem Rotwein zu frönen. Dabei kann die Seilbahnstraße als eine Art »Schinkenstraße« der Wirtschaftswunderjahre angesehen werden. Hier reihten sich Weinstuben, Kneipen, Kellerbars und Souvenirgeschäfte aneinander.

Heute wirkt es so, als hätte man irgendwann einfach aufgehört zu feiern. Leere Gastronomiebetriebe – zum Teil sichtlich dem Verfall preisgegeben, prägen das Bild. Auch im Altenahrer Rossberg sind die einstmals reichlich vorhandenen Kneipen und Geschäfte entweder geschlossen oder ganz verschwunden.

Wer das Kunststück fertigbrachte, zwischen Wein, Musik und Käseschnittchen irgendwie seiner Socken oder Strümpfe verlustig zu werden, für den oder insbesondere die gab es im Rossberg sogar einen Strumpfautomaten. Eine unschöne Laufmasche in der Strumpfhose – ebenfalls kein Problem, immerhin zehn Strumpfsorten standen zum Preis von dreimal einer D-Mark zur Verfügung. Das Schöne ist, dass ebenjener Strumpfautomat die Zeiten überdauert hat und heute ähnlich patiniert daherkommt wie so manches andere in Altenahr auch. Etwas Rost, etwas abplatzender Lack und Papierschnipsel in den Fächern – aber es ist im Endeffekt genau diese Mischung aus Relikt, Kuriosum und dezentem Verfall, die auch den Reiz des Altenahrer Strumpfautomaten ausmacht. Kaum ein Passant, der erstmals hier vorbeikommt, lässt sich die Chance entgehen, den Automatenoldtimer vom Anfang der 1960er Jahre mit dem Smartphone abzulichten oder ihn als Hintergrund für ein Selfie zu nutzen. Er kann also immer noch einiges, der Strumpfautomat – außer eben Strümpfe verkaufen.

Adresse Rossberg 36, 53505 Altenahr | ÖPNV Ahrtalbahn, Haltestelle Altenahr, von dort 10 Minuten zu Fuß | Anfahrt von der B 267 in die Straße Rossberg, Strumpfautomat von unten kommend auf der rechten Seite | Tipp Nah am Strumpfautomaten befindet sich der Aufgang zur Burg Are, einer der berühmtesten Höhenburgen des Ahrtals mit bewegter Geschichte und jeder Menge atemberaubender Fernblicke.

30_Die Gillig-Mühle

Eine Mühle erleuchtet die Straßen

Die 1950er Jahre waren keine gute Dekade für die Müller. Früher backte man sein Brot daheim, und das nötige Mehl bekam man in der Mühle. Die gab es seinerzeit noch in jedem Dorf, doch dann nahmen einem die Bäcker die Arbeit am heimischen Herd ab. So geschah es, dass die Mühlen nach und nach ausstarben. Dieses Schicksal ereilte auch die Betriebe an der Oberahr. Heute ist von den vielen Mühlen, die einst mit Wasserkraft das Getreide zermahlten, nur noch wenig zu sehen.

Eine Ausnahme gibt es jedoch: die Gillig-Mühle in Antweiler. Und die hat eine ebenso lange Historie wie das Müllerhandwerk selbst. Das Errichtungsjahr, »Anno 1686«, ist in einem Balken über der Eingangstür eingeritzt. Damals war die Mühle im Besitz des Herzogs von Arenberg. Dies änderte sich im Jahr 1892, als der Müller Nikolas Gillig Eigentümer des Betriebs wurde. Der Name »Gillig« steht bis heute in untrennbarem Zusammenhang mit der Mühle. Seit 1958 ist Ewald Gillig, Landwirt und »Mühlenwirt«, nun jedoch im wohlverdienten Ruhestand. Und Korn wird hier schon seit 1976 nicht mehr gemahlen.

In dieser Mühle ging man schon sehr früh mit der Zeit. Im Jahr 1913 wurde eine Turbine installiert, um Elektrizität zu erzeugen. Das war eine Sensation. Dank der Mühle hatte erstmals ein Ort in der Region Licht auf den Straßen und in den Häusern. Bis heute dient die Mühle der Stromerzeugung, und das ganz ohne CO_2-Emission.

Seit einer großen Renovierung 2001 ist das Gebäude ein sehenswertes Mühlenmuseum, das interessante Einblicke in den anstrengenden Müllerberuf von damals gewährt. Zu besichtigen sind viele Gerätschaften und Werkzeuge aus dem Mülleralltag von anno dazumal. Ein stilles Denkmal ist die Gillig-Mühle jedoch ganz und gar nicht, denn sie wird auch für eine Vielzahl von Kultur- und Musikveranstaltungen genutzt. Die Flut hinterließ leider massive Schäden. Die Mühle wurde aber vollständig saniert.

Adresse Rodderweg 8, 53533 Antweiler, www.antweiler-muehle.de | Anfahrt von den Orten Müsch im Süden und Fuchshofen im Norden über die L 83 nach Antweiler | Tipp Die Grube Wilhelm im nahen Limbachtal zeugt von der interessanten Bergbautradition der Region.

31 Die Burg Aremberg

Eine Geschichte voller Glanz und Unglück

Ein komplizierter orthografischer Sachverhalt muss im Vorfeld geklärt werden, wenn man von diesem Ort spricht: Es handelt sich um die Burg Aremberg im Dorf Aremberg, die jedoch einst dem Adelsgeschlecht derer von Arenberg gehörte, deren Besitztum das Arenberger Land war. Dieses Durcheinander von »ms« und »ns« wirkt sich jedoch nicht auf die Schönheit der erhaltenen Anlage aus. Obwohl das Bauwerk auf dem 623 Meter hohen Aremberg eine wechselhafte Geschichte hinter sich hat, ist die von einem Förderverein gepflegte Burg auch heute noch eine Sehenswürdigkeit.

Im 13. Jahrhundert standen dort oben nur kleinere Häuser. Erst nachdem die Arenberger zu Einfluss und Macht gekommen waren, ließen sie ihre Burg zu einem Bollwerk umbauen, das als uneinnehmbar galt. Eine Inventarliste von 1543 verzeichnet 141 Gewehre und 30 Kanonen – ein gigantisches Waffenarsenal, das zugleich den Reichtum der Arenberger bezeugt. Trotz aller Vorkehrungen gelang es im Jahr 1682 einer stattlichen Armee französischer Soldaten unter Befehl Ludwigs XIV., die Burg einzunehmen.

Allein das Verzeichnis der Unterbringung, datiert auf den 9. September 1682, weist auf die damaligen Ausmaße der Anlage hin. 480 Franzosen logierten in 43 Zimmern innerhalb der Burg, 2.000 weitere nächtigten in den Nebengebäuden. Dann ging alles schief: Bei einer missglückten Sprengung zerstörten die Franzosen eine wichtige Wassermauer, und das Trinkwasser versickerte. Somit fielen alle Brunnen trocken, und ohne Wasser war die Anlage nutzlos. Die Folge: 1683 wurde die Burg von den Franzosen fast vollständig zerstört. Erhalten geblieben sind nur ein hoher Aussichtsturm sowie der originale Zugangsweg. Dieser hat schon einige Prominenz gesehen. Sogar Papst Alexander VII. soll im 17. Jahrhundert die Burg Aremberg besucht haben, um sich von ihrer Herrlichkeit zu überzeugen.

Adresse Burgstraße, 53533 Aremberg, www.aremberg-burgruine.de | Anfahrt aus Richtung Schuld der L 73 bis Antweiler, dann der Beschilderung folgen, von der Hauptstraße in die Burgstraße abbiegen | Öffnungszeiten Turm je nach Saison, Infos siehe Website | Tipp Was wäre eine Burg ohne Burgschänke? Das Gasthaus in der Burgstraße 23 bietet auch Übernachtungsmöglichkeiten.

32 Die Anna-Kapelle

Mehr als 500 Jahre eine Baustelle

Wer vor der St.-Anna-Kapelle in Bachem steht, mag sich wundern. Im Vergleich zu den schlichten Kapellen, wie sie für das Ahrtal typisch sind, ist sie geradezu opulent. Und das ist kein Wunder. Im 13. Jahrhundert wurde sie in den Registern der Pfarreiengemeinschaft Beul – heute ein Stadtteil von Bad Neuenahr – als Filialkirche geführt. Aber egal, wie man es bezeichnet: Bereits vor Jahrhunderten sorgte sich die katholische Kirche um den Zustand ihres Gotteshauses. 1500 setzte eine Gruppe von neun Kardinälen einen Brief auf mit der Bitte, die Kapelle doch schleunigst zu renovieren. Sogar an Messbüchern mangelte es. Und was geschah? Nichts. Denn Kriege machten jeden Vorstoß zur Instandsetzung wieder zunichte.

Die wenigen Reparaturen, die durchgeführt wurden, muten eher wie Flickwerk an. Davon zeugen auch die Fenster der St.-Anna-Kapelle, in denen sich ein Sammelsurium architektonischer Stile wiederfindet. Anfang des 20. Jahrhunderts wollte man das Gebäude in der Bachemer Ortsmitte komplett abreißen und neu errichten. Diesmal war der Erste Weltkrieg schuld am Scheitern der Idee. Immerhin: Für die Kapelle gab's einen neuen Altar und sogar eine neue Glocke.

Zum Abriss ist es zum Glück nie gekommen. Um die Jahrtausendwende reiften in der Dorfgemeinschaft Pläne zur Renovierung. So geschah es: Die Kapelle erhielt eine neue Lichtinstallation. Bei den Umbaumaßnahmen traten zudem wahre Schätze wie alte Messbücher zutage, die in einem hervorragenden Zustand waren. Die Sanierung wurde im Übrigen durch zahlreiche Benefizkonzerte finanziert.

Das Ergebnis ist prächtig. Niemals war die Kapelle schöner. Insbesondere das wundervolle Faltengewölbe der Decke ist ein »Must-see« für Architektur-Fans. Auch Musikfreunde können sich die Anna-Kapelle merken. Ab und an finden hier Konzerte statt, beispielsweise mit örtlichen Gesangsvereinen.

Adresse Pfarrweg 2, 53474 Bachem | ÖPNV nächstgelegener Haltepunkt der Deutschen Bahn: Ahrweiler Bahnhof an der Wilhelmstraße | Anfahrt von der A 573 der Beschilderung Richtung Ahrweiler folgen, auf die L 84, im Kreisel die zweite Ausfahrt auf die Sebastianstraße nehmen, rechts auf die Schützenstraße, dann auf die St.-Pius-Brücke und links auf die St.-Pius-Straße, die nächste links in den Pfarrweg | Tipp In Bachem gibt es zwei weitere Kapellen: die Lourdes-Kapelle und die St.-Leonardus-Kapelle.

33 Das Bachemer Backes

Von »Folterinstrumenten« und Sauerteigbrot

Kennen Sie einen »Dengelstock«, eine »Kellerpumpe«, eine »Däuka« (Deukarre), einen »Damenschoner« oder ein »Lohmesser«? Was sich zunächst nach dem facettenreichen Arsenal eines gut ausgerüsteten Folterknechts anhört, sind in Wahrheit Arbeitsgeräte, die früher im Weinberg Verwendung fanden. Und so viel ist klar: Das Wirken in den steilen Reblagen des Ahrtals war in Zeiten vor Traktoren, Hubschrauberspritzung und motorgetriebenen Seilwinden eine echte Plackerei. Das wird jedem bewusst, der im kleinsten Museum von Bad Neuenahr-Ahrweiler im Stadtteil Bachem vorbeischaut. Dabei verbindet man das alte Bachemer Backhaus eher mit Brot und Streuselkuchen, doch im Obergeschoss des Backes dreht sich alles um den historischen Weinbau, der in dem für seine Frühburgunder-Spezialitäten bekannten Bachem auf eine lange Geschichte zurückblicken kann.

Es verwundert, dass derart viele Memorabilien des Weinbaus auf so engem Raum Platz haben, doch irgendwie ist genau das der betreibenden Bürgergemeinschaft Bachem gelungen. Denn neben den bereits erwähnten Ausstellungsstücken gibt es auch noch Holzfässer, Wagenräder, Flaschen, Weinkisten, Bilder, Weinetiketten, Tragekiepen, Weinpressen, allerlei Gefäße und vieles mehr zu entdecken. Mit Hilfe des vorhandenen Schriftguts kann der Gast auf Wunsch auch noch tiefer in die Materie einsteigen. Dass das Bachemer Backes zudem eines der ältesten noch erhaltenen Häuser von Bad Neuenahr-Ahrweiler ist, verleiht dem Ganzen einen zusätzlichen Reiz. Trotz seines engen Verbandeltseins mit dem Weinbau kann das Bachemer Backes dank eines altehrwürdigen, immer mal wieder befeuerten Ofens in der unteren Etage seinem originären Zweck nachkommen und beispielsweise das beliebte Backes-Sauerteigbrot produzieren, das unter anderem beim alljährlichen Bachemer Backesfest reißenden Absatz findet und ein echtes kulinarisches Highlight des Dorfes darstellt.

Adresse Ecke Königstraße/Annastraße, 53474 Bachem | **ÖPNV** Ahrtalbahn, Haltestelle Ahrweiler, von dort circa 30 Minuten zu Fuß | **Anfahrt** von der St.-Pius-Straße auf den Pfarrweg abbiegen, dann in die Annastraße | **Tipp** Nicht weit vom Museum entfernt befindet sich das »Jugendgästehaus«, die einzige offizielle Jugendherberge der Kreisstadt (St.-Pius-Straße 7).

34 Das Glöckchen der Lourdes-Kapelle

Kohlenhändlers Geläut

Die Bachemer Lourdes-Kapelle hat ihre Entstehung einem Versprechen zu verdanken. Wenn er denn wohlbehalten aus der Kriegsgefangenschaft zurückkehren würde, so nahm es sich Karl Dresen vor, würde er zu Ehren der Muttergottes von Lourdes in seinem Heimatort eine Kapelle stiften. Der Wunsch ging in Erfüllung. Der Schuhmachermeister überlebte die Kriegsgefangenschaft und kehrte nach Bachem zurück. Im Bachemer Wiesental, gelegen am Ende der Himmelsburger Straße, fand er ein geeignetes Areal: still und umgeben von Wald und Wiesen, der ideale Ort also, um dort zu beten oder einfach nur zur Ruhe zu kommen. Ein Umstand, der sich bis heute nicht geändert hat. Ein Jahr nach dem Baubeginn 1948 erfolgte die offizielle Einsegnung der Lourdes-Kapelle, 1958 wurde der charakteristische Kuppelanbau hinzugefügt. Das verwunschen wirkende Kapellchen mit seinem von zahlreichen Kerzen illuminierten Innenraum lockt seit jeher Gläubige und Besucher in großer Zahl an. Die Theologiestudenten des Studienhauses St. Lambert in Lantershofen machen hierhin sogar ihre Wallfahrt.

Der Bau des kleinen Gotteshauses war nicht einfach, mangelte es doch gerade in den Nachkriegsjahren immer an etwas. Kurz vor der Einweihung fehlte dann noch das für eine Kapelle praktisch unverzichtbare Element: die Glocke! In Zeiten akuter Metallknappheit war das Auftreiben eines Geläuts ein schwieriges Unterfangen, doch Karl Dresen hatte eine Idee. Beim Kohlenhändler Josef Geller in der Ahrweiler Niederhut war ihm aufgefallen, dass dieser seine alte Glocke aus Vorkriegszeiten, mit der sich die Kunden im Hof bemerkbar machen konnten, inzwischen durch eine modernere Klingel ersetzt hatte. Dresen hatte Glück – das Glöckchen war noch im Besitz des Kohlenhändlers und fand im »Turm« der Lourdes-Kapelle ein neues Zuhause.

Adresse Himmelsburger Straße, 53474 Bachem | ÖPNV Ahrtalbahn, Haltestelle Ahrweiler Markt, von dort circa 1 Stunde Fußweg | Anfahrt von der St.-Pius-Straße über den Pfarrweg und den Talweg auf die Himmelsburger Straße, Kapelle an deren Ende, Parkplätze auf dem nahe gelegenen Schotterplatz | Tipp Unweit der Lourdes-Kapelle befindet sich die Lourdes-Hütte des Männerchors Bachem, die für Feiern gemietet werden kann, aber auch Wanderer zur Rast einlädt.

35_Das Denkmal des toten Fliegers

Das unbekannte Schicksal des Jean Marceaux

Die Geschichten des Ahrtals sind üblicherweise gut dokumentiert. Aber manche werfen Fragen auf. Wie zum Beispiel die des Denkmals in Bad Bodendorf, das einem toten Flieger gewidmet ist. Über das Schicksal des Piloten Jean Mascaux, Anführer des 4. belgischen Jagdgeschwaders, ist wenig bekannt, und sein Denkmal verwittert und überwuchert. Als gesichert gilt lediglich, dass der Belgier am 31. März 1950 mit seinem Jagdflugzeug aus Richtung Westen kommend die Kontrolle über seine Maschine verlor und bei Bad Bodendorf abstürzte. Doch die Umstände des Crashs sind weitestgehend unbekannt. Laut Zeitzeugen hat Mascaux seinen Jet bewusst in den Mühlenberg gelenkt. Denn man fand kein Indiz, dass der Pilot den Schleudersitz betätigt hat. Der damals 35-Jährige starb bei dem Frontalaufprall.

Da der belgische Hauptmann eine besondere Stellung innehatte, wurde er von der belgischen Luftwaffe als Held gewürdigt. Angehörige und Kameraden reisten nach Bad Bodendorf und setzten ihm während eines großen militärischen Festakts ein Denkmal. »À la memoire du Capitaine J. Mascaux de force aérienne belge tombé en service aérien commandé le 31.3.1950«, lautet die Inschrift auf dem Stein, der wie ein Grab anmutet.

Auch die Bad Bodendorfer gedachten des toten Fliegers, jedoch nur für wenige Jahrzehnte. Das steinerne Andenken an Jean Mascaux wurde gar an einen anderen Platz versetzt. Eine Bronzestatue zur Erinnerung war nach einiger Zeit sogar verschwunden. Während in früheren Zeiten die Einwohner Kerzen für den Piloten aufstellten, ist das Schicksal von Jean Mascaux heute im Kollektivbewusstsein weitestgehend verblasst.

Immerhin kümmern sich die städtischen Mitarbeiter von Sinzig um das ihn umgebende Grün, während der Stein an sich nicht mehr gepflegt wird.

Adresse Ecke Bäderstraße/Am Kurgarten, 53489 Bad Bodendorf | **ÖPNV** Ahrtalbahn, Haltestelle Bad Bodendorf | **Anfahrt** B 9, Abfahrt Bad Neuenahr-Ahrweiler, im Sinziger Hochkreisel dritte Ausfahrt auf die B 266 nehmen, an der Kreuzung in Bad Bodendorf links in die Bäderstraße und ihr bis zum Ende folgen | **Tipp** Wer die Straße bis zum westlichen Ende fährt, kommt auf einen Weg für Spaziergänger und Fahrradfahrer, der durch Wald und Wiese nach Ehlingen führt.

36 Der Duft-Rundweg

Innehalten und durchatmen

Ein Aufenthalt im Ahrtal ist immer ein Erlebnis für die Sinne. Besonders die Geschmacksknospen werden – Wein sei Dank – angesprochen. Aber auch die Nase hat im Tal etwas zu tun. Der olfaktorische Genuss stellt sich an der Ahr schon von Natur aus ein: Trauben, Blätter, Erde, Wasser, Stein – all dies gibt es hier reichlich, und diese Zutaten sorgen für ein Geruchserlebnis, das zum Innehalten und Durchatmen einlädt.

In Bad Bodendorf, dem Tor zum Ahrtal, werden Freunde wundervoller Gerüche geradezu getriggert. Denn dort sind über die Jahre sogenannte Duftinseln entstanden. Insgesamt wurden 15 solcher Geruchs-Tankstellen angelegt, die über einen Rundgang miteinander verbunden sind. Wer auf die Spur der Düfte gehen möchte, kann dies mit einer ansprechenden Sightseeingtour durch das »Dorf mit den zwei Gesichtern« tun: Am Nordufer der Ahr besticht der historische Ortskern, während sich auf der Südseite vieles um das Thema Kur dreht.

Die Inseln laden nicht nur zum Schnuppern ein, sondern auch zur Rast. Engagierte Ehrenamtler haben auf wenigen Quadratmetern gemütliche Areale geschaffen. Wer sich hinsetzen möchte, findet Ruhebänke vor, und mancher Laubengang weckt romantische Gefühle. Absolute Hauptdarsteller sind natürlich die »Durftbringer« selbst – zahlreiche Blumen und Blüten jeder Größe und Couleur, die Lust auf Natur machen. Auch Geschichten werden erzählt, so zum Beispiel die, dass Ahrtal-Erdbeeren einst auf dem Markt in Bonn verkauft wurden.

Das Besondere ist, dass die Inseln in ehrenamtlicher Handarbeit geschaffen wurden. Schulkinder halfen mit, aber auch die »Rentner-Gang«, eine engagierte Seniorengruppe, die gemeinsam selbst aus dem unscheinbarsten Stück Wiese einen Minipark machten. Das ist keine Übertreibung. Sogar das optisch eher mittelmäßig ansprechende Gebiet um die B-266-Kreuzung wurde mit einer Duftinsel aufgewertet und aufgehübscht.

Adresse 53489 Bad Bodendorf | **ÖPNV** Ahrtalbahn, Haltestelle Bad Bodendorf, von dort nur wenige Meter zu Fuß | **Anfahrt** über die Hauptstraße | **Tipp** Auf der Homepage des Heimatvereins gibt es eine Übersicht aller Duftinseln (www.bad-bodendorf.de).

37 Das Heimatmuseum

Bodoli-Limonade und ein Arbeiterdichter

Zwischen Sinzig und Bad Neuenahr gelegen, ist Bad Bodendorf ein beliebter Wohnort im Ahrtal. Allerdings dürfte auch den meisten Besuchern nicht bekannt sein, dass der Ort von zahlreichen heute praktisch komplett verschwundenen Wirtschaftszweigen geprägt wurde. So gab es nicht nur einen mehr oder weniger lebhaften Kurbetrieb – daher der bis heute bestehende Namenszusatz »Bad« –, sondern unter anderem auch Weinbau, ein Kohlensäurewerk sowie eine Produktionsstätte für Mineralwasser und Erfrischungsgetränke. Immerhin von 1920 bis 1967 füllte die Firma »Bodendorfer Mineralsprudel GmbH« hier ihr Mineralwasser und die »Bodoli«-Limonade ab.

Ebenjene Relikte aus der bewegten Vergangenheit des früheren Kurbades sind im Heimatmuseum und -archiv zu besichtigen. Wohldosiert und die Besucher nicht erschlagend, werden in dem kleinen, vom Heimat- und Bürgerverein Bad Bodendorf betriebenen Museum Wasser- und Limoflaschen im Wandel der Zeit gezeigt – vom urzeitlichen Tongefäß bis zum typischen Design der 1950er und 1960er Jahre. Dazu gibt es das passende Merchandise in Form von Gläsern und Aschenbechern. Überhaupt werden die Einrichtung und die Gegenstände des täglichen Gebrauchs aus der Vor- und Nachkriegszeit im Museum, das sich nach vielen Jahren im Haus der ehemaligen Drogerie Schuld seit Herbst 2019 in der Dorfmitte in neuen Räumlichkeiten direkt am Ortseingang befindet, in einem eigenen Raum gebührend präsentiert. Ob Milchkannen, Kaffeemühlen, hölzerne Wein- und Wasserkisten, Medizinzubehör, Geschirr oder Zigaretten aus rheinischer Produktion – manches ist zu erwarten, vieles ist überraschend. Auch dem römischen Bodendorf ist ein kleines Kapitel gewidmet. Weitere Exponate dokumentieren den ebenfalls in Bad Bodendorf längst nicht mehr existierenden Weinbau. Bemerkenswert ist zudem die enorme Sammlung rund um den Arbeiterdichter Heinrich Lersch (1889–1936), der ab 1932 hier wohnte.

Adresse Bahnhofstraße 15, 53489 Bad Bodendorf, www.heimatmuseum-bad-bodendorf.de | ÖPNV Ahrtalbahn, Haltestelle Bad Bodendorf, von dort nur wenige Meter zu Fuß | Anfahrt von der B 266 auf die Bahnhofstraße | Öffnungszeiten diverse So im Jahr, Termine siehe Website, Führungen mit Museumsleiter Josef Erhardt nach Vereinbarung möglich | Tipp Seit Jahrzehnten absoluter Kult ist der schräg gegenüber dem Museum gelegene griechische »Schnellimbiss« – ideal für eine Stärkung mit leckerem Gyros nach einer Ahrtal-Erkundungstour.

38 Die »Mam mit d'r Pann«

»111 Orte« als Inspiration

Für alle, die des rheinischen Dialekts nicht mächtig sind: »Mam mit d'r Pann« heißt »Mama mit der Pfanne«. Und genau die stellt die steinerne Figur des Bad Bodendorfer Künstlers Reinhold Steinborn auch dar. Eine resolute Frau mit Kittelschürze, mildem Lächeln und einem riesengroßen Bratgerät in beiden Händen. In der Pfanne hat die »Mam« wohl Reibekuchen in heißem Fett gebacken – das dürfte ein echter Gaumenschmaus gewesen sein!

Es dauerte eine Zeit, bis die Statue ihren Namen weghatte. Die Idee entstand folgendermaßen: Der Sinziger Stadtteil ist mit dem deftigen Kartoffelpuffer eng verbunden, ist »Rievkooche« doch der Neckname für die Bad Bodendorfer. Außerdem nennt sich sogar die örtliche Karnevalsgesellschaft »KG Rievkooche Blau-Weiß«, und auch deren liebenswertes Maskottchen »Paul Puffer« gehört zur Familie der Kartoffelgerichte. Dieser Umstand und eine Textzeile aus dem »Rievkooche-Walzer« (»Mam, Mam, schnapp d'r de Pann, mir wolle Rievkooche han«) der kölschen Kultband Bläck Fööss führten zur endgültigen Namensgebung der Statue. Das verrät seit einiger Zeit auch eine Metallplakette am Sockel der »Mam«.

Aber wie ist Steinborn nun darauf gekommen, die Statue überhaupt aufzustellen? In der ersten Auflage des Buches »111 Orte im Ahrtal, die man gesehen haben muss« las er von den vielen Wahrzeichen der verschiedenen Ahr-Orte wie dem Sinziger Stadtmauredrisser oder dem Dernauer Esel. Da fiel ihm auf, dass eine solch kultige Identifikationsfigur für sein Bad Bodendorf noch fehlte, und er ersann die Idee von der »Mam mit d'r Pann«. Im Winter des Jahres 2020 erschuf Steinborn die 400-Kilogramm-Figur aus solidem Spachtelbeton und stiftete sie den Bürgern von Bad Bodendorf. Am jetzigen Standort an der Schützenstraße wurde die Reibekuchen-Mama am 1. Mai 2020 nach einer Verzögerung durch die Coronapandemie feierlich eingeweiht und grüßt seitdem die Spaziergänger.

Adresse Ecke Schützenstraße/Hauptstraße, 53489 Bad Bodendorf | **ÖPNV** Ahrtalbahn, Haltestelle Bad Bodendorf, von dort nur wenige Meter zu Fuß | **Anfahrt** von der B 266 auf die Hauptstraße | **Tipp** Einmal pro Jahr, im frühen Herbst, findet in Bad Bodendorf ein rauschendes Dorffest statt, dass diesen Namen verdient. Das tolle Programm wird komplett von den Einwohnern gestaltet.

39 Der Schwanenteich

Pfauen, Ponys und lebende Rasenmäher

Wer im Ahrtal einen Zoo sucht, sucht vergebens. Aber es existiert ein sehr sehenswertes Tiergehege in Bad Bodendorf, direkt am Fahrradweg in Richtung Sinzig gelegen. Im sogenannten »Schwanenteich« haben rund 200 Tiere ein Zuhause gefunden. Die meisten wurden von ihren Besitzern gebracht, die sie in die pflegerische Obhut der über 300 Mitglieder des Vereins geben wollten, der sich um den »Schwanenteich« kümmert.

Eine unüberschaubare Fülle an Vierbeinern ist hier zu sehen, darunter Ponys, Kaninchen, Waschbären, Kamerunschafe und viele kecke Ziegenböcke. Letztgenannte haben mancherorts sogar Berühmtheit erlangt. Die emsigen Hornträger wurden in der Vergangenheit schon an Ahrtaler Grünflächenbesitzer ausgeliehen, und zwar als tierische Rasenmäher. Einige Bewohner des Teichgeländes waren also bereits öfters »on tour« – das gilt auch für die prächtigen Pfauen, die manchmal ausbüxen, aber stets wieder nach Hause kommen.

Der eigentliche Schwanenteich ist ein kleines Gewässer in unmittelbarer Nähe der Volieren und Gehege des Mini-Tierparks. Geschaffen wurde er mit allerschwerstem Gerät in den 1970er Jahren vom Pionierbataillon 850 aus der Kaserne in Koblenz-Metternich. Heute geht es dem Gewässer mal mehr, mal weniger gut. Hoch- und Niedrigwasser gleichermaßen setzen ihm regelmäßig zu. Wenn der Pegel nicht stimmt, rücken aber keine Soldaten an, sondern die Feuerwehr. Vor allem in den letzten Sommern mussten die Floriansjünger den Teich mit Wasser versorgen, da er auszutrocknen drohte. Bei der Flutkatastrophe 2021 trat das Gegenteil ein: Das Areal wurde komplett überflutet. Zum Glück konnten fast alle Tiere vor dem Tod bewahrt werden, aber die Zerstörung war riesig. Dank der vielen Spender und Helfer – darunter eine 100-köpfige Truppe von Wandergesellen – konnte der Schwanenteich jedoch gerettet werden. Die Handwerker packten einen Sommer lang beim Wiederaufbau an.

Adresse Am Schwanenteich, 53489 Bad Bodendorf, www.schwanenteich.com | **ÖPNV** Ahrtalbahn, Haltestelle Bad Bodendorf, von hier zu Fuß in Richtung Ehrenfriedhof, unweit der B 266 | **Anfahrt** Tiergehege Schwanenteich gut ausgeschildert südöstlich von Bad Bodendorf | **Tipp** Gleich um die Ecke liegt der Wilhelmshof. Im Hofladen können saisonale Gemüse aus biologischem Anbau, leckere Säfte und frische Kräuter geshoppt werden.

40 Die Trüffelplantage

Wenn ein Spitzenkoch auf Pilzsuche geht

Sie sind klein, köstlich und überaus wertvoll: die Trüffeln, die auf Französisch »truffes« genannt werden. Die unterirdisch wachsenden Pilze gedeihen vornehmlich in Frankreich, aber auch in vielen Gegenden Italiens. Doch am 23. Oktober 2002 vermeldete man im Ahrtal einen Sensationsfund.

»Tuber uncinatum«, der Burgundertrüffel, wurde nahe Sinzig entdeckt. Das passte, denn dem Burgund war man hier schon immer sehr zugetan. Den Preis als beste Spürnase teilten sich Max, ein Terriermischling, und Jean-Marie Dumaine, seines Zeichens Ahrtaler Spitzenkoch und absoluter Trüffel-Enthusiast. An der Ahr auf Trüffelsuche zu gehen, war zunächst nur eine flüchtige Idee gewesen. Doch der Gedanke reifte in Dumaine, sodass er Max' Nase für den Geruch der schwarzen Knollen sensibilisierte. Motiviert machte sich Dumaine schließlich mit seinem Hund auf ins Ahrtal nahe Sinzig. Et voilà – die beiden wurden fündig, und Maître Dumaine stieß in höherer Stückzahl auf die Pilze. Das war spektakulär, Nachrichtenmagazine berichteten über Dumaine und seinen Max.

Trüffel bevorzugen zum Wachsen kalkhaltigen Boden in Südlage und regenreiche Sommer. Kurzum: Im Ahrtal herrschen für sie Spitzenbedingungen. Dumaine gab sich mit dem reinen Aufspüren der Pilzknollen jedoch nicht zufrieden und begann schließlich, die Trüffel zu kultivieren.

In Bad Bodendorf stieß er auf ein ideales Areal für die erste Trüffelplantage des Ahrtals. Dort gibt es seit der Entstehung im November 2006 stets reiche Ausbeute. Junge Wurzeln werden zunächst mit Trüffelsporen geimpft. Nach fünf bis zehn Jahren sind die Trüffeln groß genug, und es darf geerntet werden. Dumaine gründete gleich mit einigen ebenfalls begeisterten Trüffel-Fans den Verein »Ahrtrüffel e. V.«, der Sinzig zum deutschen Trüffel-Mekka machte. Das dort stattfindende »Trüffel-Symposium« lockt Experten aus der ganzen Welt zum Austausch.

Adresse Heerweg, 53489 Bad Bodendorf | ÖPNV Ahrtalbahn, Haltestelle Bad Bodendorf | Anfahrt von Sinzig über die B 266 nach Bad Bodendorf, dort auf die Bahnhofstraße, dann rechts auf die Hauptstraße, mündet nach einem Rechtsknick in den Heerweg | Tipp Folgt man dem Weg zur Trüffelplantage, gelangt man zur recht einsam gelegenen »Waldkapelle an der Krönungsstraße«.

41 Der Bademantelgang

Ein krachend gescheitertes Prestigeprojekt

Wer sich im Kurhotel Steigenberger einquartierte, konnte die wichtigsten Einrichtungen im Bad Neuenahrer Kurbetrieb – die Ahr-Thermen und das Thermalbadehaus – stets zu Fuß erreichen. Das war schon immer so. Ein niemals dagewesenes Prestigeprojekt sollte diesen kurzen Marsch noch bequemer machen: der sogenannte Bademantelgang. Dieser verband unterirdisch jene drei Topadressen der Kurstadt und bot die Möglichkeit, den138 Meter langen Weg in höchst legerer Schwimm- oder Wellnesskluft zu absolvieren. Daher rührt auch der (umgangssprachliche) Name des Verbindungsganges.

Dieser Spaziergang durch den Untergrund war ein Erlebnis für sich: Drei Meter breit war der Weg, hell illuminiert von künstlichem Licht, sehenswerte Kunstwerke verzierten die Wände. Im Winter machte eine Fußbodenheizung den Gang mollig warm, und im Sommer sorgte eine Klimaanlage für erfrischende Kühle. Kurzum: Der Bademantelgang war ein Prestigeobjekt. Und dank der erstklassigen Ausstattung kostete er auch ordentlich. 2,8 Millionen Euro verschlang der Bademantelgang, der im Januar 2009 der Öffentlichkeit präsentiert wurde.

So weit, so gut – hätten sich doch mehr Menschen für den Gang unter den Straßen Bad Neuenahrs interessiert. Hochrechnungen prognostizierten eine hohe Auslastung, doch die Begeisterung der Kurgäste blieb aus. Und dann folgte im Jahr 2016 der Todesstoß für den teuersten Keller im Kreis Ahrweiler: Wasser drang ein, und der Bademantelgang wurde gesperrt. Statt einer teuren Sanierung entschied sich die Besitzerin, die mittlerweile nicht mehr bestehende Kur AG, für einen nicht minder teuren Rückbau. Der kostete noch mal eine Million Euro, was den Bademantelgang wohl zu einer der größten Pleiten des Ahrtals macht. 2019 war es mit dem Tunnel vorbei, viel ist nicht mehr von ihm zu sehen. Heute erinnern nur noch Auf- und Abstiege an das krachend gescheiterte Projekt.

Adresse Beethovenstraße (alter Eingang), 53474 Bad Neuenahr | ÖPNV Ahrtalbahn, Haltestelle Bad Neuenahr | Anfahrt B 266 aus Richtung Sinzig / Koblenz, Abfahrt Bad Neuenahr-Ost, dann über Kreuzstraße, Landgrafenstraße und Felix-Rütten-Straße zur Beethoven-Straße | Tipp Gleich nebenan befindet sich der sehenswerte Kurhaussaal, in dem viele erstklassige Veranstaltungen stattfinden.

42 Die Beethoven-Flötenuhr

Ein Best-of mit 36 Pfeifen

Wenn in Bad Neuenahr vor dem Thermalbadehaus die Töne des großen Meisters Ludwig van Beethoven erklingen, halten nicht nur die Kurgäste inne. Sogar der benachbarte Brunnen wird per Zeitschaltuhr kurz deaktiviert – schließlich soll das plätschernde Wasser nicht das Hörvergnügen trüben. Nicht nur deshalb ist die Beethoven-Flötenuhr etwas ganz Besonderes, auch die Technik derselben hat es in sich.

In dem knapp 800 Kilogramm schweren Kopf der Uhr sind 36 Orgelpfeifen untergebracht. Zwischen morgens um neun und abends um neun spielt die Uhr alle 30 Minuten ein 30-sekündiges Best-of des alten Meisters. »Trio«, »Allegretto«, »Allegro«, »Bagatelle« und »Scherzo« lauten die Titel der Stücke. Dass gerade die Kompositionen des im nahen Bonn geborenen Beethoven zu Gehör gebracht werden, ist natürlich kein Zufall. Die Sommer der Jahre 1786 bis 1792 verbrachte er als Jugendlicher in Bad Neuenahr.

Die Idee zur Flötenuhr stammt von Rainer Mertel, einem ehemaligen Kurdirektor. Der hatte vor Jahrzehnten eine Dampfuhr in Kanada gesehen und wollte ein ähnliches Exemplar in Bad Neuenahr aufgestellt wissen. Der Vorschlag stieß auf Gegenliebe, und mit dem Bad Neuenahrer Steinmetz Rudolf Kniel fand man einen Handwerker und Künstler in Personalunion, der das Projekt umsetzte und den Kopf entwarf. Das Uhrwerk, das Gehäuse und die Pfeifen wurden in der Werkstatt des Uhrmachers Matthias Naeschke in Haigerloch-Weildorf in Handarbeit gefertigt.

Naeschkes Werke erfreuen sich internationaler Beliebtheit, und der »Sound« der Pfeifen sollte sicherstellen, dass sich die Beethoven-Flötenuhr nach ihrer feierlichen Inbetriebnahme im Jahr 2003 zu einem touristischen Hotspot entwickelt. Funktioniert hat das nicht so ganz, aber gleichwohl fügt sich die Uhr mit ihrer Optik und Akustik ganz wunderbar in das ohnehin sehenswerte Areal des Kurviertels ein.

Adresse Kurgartenstraße (gegenüber dem Thermalbadehaus), 53474 Bad Neuenahr | **ÖPNV** Ahrtalbahn, Haltestelle Bad Neuenahr | **Anfahrt** B 266 aus Richtung Sinzig/Koblenz, Abfahrt Bad Neuenahr, über die Ahr-Rotweinstraße und die Hauptstraße zur Rathausstraße, der Beschilderung zum Kurpark folgend links auf die Hauptstraße, weiter rechts über die Telegrafenstraße zur Kurgartenstraße | **Tipp** Nur wenige Meter entfernt steht das Haus, in dem der junge Beethoven in den Sommermonaten wohnte (Mittelstraße 4).

43_Die Bengener Heide

Der Ahrtal-Airport

Obwohl vielen auswärtigen Ahrtal-Besuchern unbekannt, ist die Bengener Heide seit Jahrzehnten vor allem für Einheimische ein immer wieder gern frequentiertes Naherholungsgebiet. Das liegt sicher auch an den zahlreichen Alleinstellungsmerkmalen, die das in der Höhenlage von Bad Neuenahr-Ahrweiler befindliche Areal zu bieten hat. Oben auf der Heide angekommen, ermöglicht der Fernblick sowohl die Sicht auf das Ahrtal und die Kreisstadt als auch auf die Grafschaft samt dem namensgebenden Ort Bengen.

Von vielen Wanderwegen flankiert, entstand hier Anfang der 1970er Jahre der erste und sozusagen einzige »richtige« Flugplatz des Ahrtals. Was 1963 mit den ersten Segelflügen begann, hat sich unter Federführung des Luftsportvereins Bad Neuenahr-Ahrweiler zu einem beliebten Airport für Motorflugzeuge und Segelflieger samt asphaltierter Start- und Landebahn, Tower und Hangar-Gebäuden entwickelt, der in seiner jetzigen Form seit 1975 existiert. Segelflüge mit mehr als 700 Kilometern Distanz werden regelmäßig von der »Heide« aus gestartet.

Oftmals wurde die Bengener Heide auch als Helikopterlandeplatz für politische Prominenz oder Profisportler genutzt, die von dort aus beispielsweise ins Ahrtal oder zum Nürburgring weiterreisten. Nach der Flutkatastrophe im Juli 2021 brachen Versorgungs-, Rettungs- und Bergungshubschrauber von der Bengener Heide zu ihren zahlreichen Einsätzen in das verwüstete Katastrophengebiet auf.

Auch Fauna und Flora kommen auf der Heide nicht zu kurz. 1963 entstand ein Vogelschutzgebiet, und die BUND-Kreisgruppe Ahrweiler kümmert sich seit Mitte der 1990er Jahre um die stetig wachsende Heidefläche mit ihren schützenswerten Heidepflanzen. Die direkt am Flugplatz gelegene Gaststätte »Heidestube« lädt zum Verweilen ein, und auf dem nahen Schießstand können Gewehrschützen ahnungslose Tontauben unter Beschuss nehmen.

Adresse Im Schwertstal, 53474 Bad Neuenahr-Ahrweiler | **ÖPNV** Ahrtalbahn oder Bus/Schienenersatzverkehr, Haltestelle Bad Neuenahr, von dort zu Fuß oder per Taxi | **Anfahrt** über die Heerstraße auf »Im Schwertstal«, dann der Beschilderung »Flugplatz/Heidestube« folgen | **Tipp** Am Fußweg zwischen Bengener Heide und Karweiler hat der Hundesportverein Ahrtal sein Vereins- und Trainingsgelände.

44 Der Goldene Pflug

Dank Magie zum Heilwasser

Bad Neuenahr ist eine Stadt voller Sagen. Und so manche lebt bis heute weiter, wie zum Beispiel die Sage vom Goldenen Pflug. Und die geht so: Im Mittelalter residierten die Grafen von Neuenahr in ihren Burgen. Ihr Reichtum war so grenzenlos, dass dort alles aus Gold und mit Edelsteinen besetzt war. Sogar ein Pflug für die Feldarbeit war aus purem Gold gefertigt und zudem noch magisch. Kein Wunder also, dass immer wieder Räuberbanden ein Auge auf den Pflug warfen. Die Plünderer stießen zwar auf jenen legendären Reichtum des Grafen, nur der Goldene Pflug war nirgends aufzuspüren. Und sosehr man die Edelleute auch folterte: Niemand verriet, dass der Goldene Pflug gut versteckt am Boden des Burgbrunnens der Stadt lag.

Irgendwann gaben die Räuber auf, doch das Gerücht, dass der Pflug irgendwo noch auf einen Finder wartete, blieb in den Köpfen der Neuenahrer. Eines Tages machte sich ein gutherziger, armer Winzer an sein Tagwerk, als er einen Zwerg jammern hörte. Der hatte solch einen Durst, dass ihm der Winzer einen Schluck Rotwein reichte. Das Zwerglein war seinem Retter dankbar und erzählte, wo der Pflug zu finden sei.

In einer Vollmondnacht kletterte der Winzer den Brunnenschacht hinab und entdeckte das mythische Ackergerät tatsächlich. Doch als er nach ihm griff, brach ein furchtbares Getöse los, und vor Schreck ließ er den Pflug wieder fallen. Fortan sollte ihn keiner mehr zu bergen wagen. Doch seit diesem Geschehen war das Neuenahrer Wasser plötzlich ganz anders: Es prickelte und hatte wundersame Heilkräfte. Damit war das Bad Neuenahrer Heilwasser, das heute Apollinaris heißt, geboren.

1995 wurde dem magischen Gerät ein Denkmal gesetzt. Der Pflug im Miniaturformat steht in einer Anlage im Herzen von Bad Neuenahr. Realisiert wurde das Projekt von einem engagierten Bürgerverein, der die Erinnerung an die Sage bewahren möchte.

Adresse Wadenheimer Platz (Jesuitenstraße), 53474 Bad Neuenahr | **ÖPNV** Ahrtalbahn, Haltestelle Bad Neuenahr, von dort zu Fuß Richtung Kurpark | **Anfahrt** B 266 aus Richtung Sinzig / Koblenz, Abfahrt Bad Neuenahr, dort über die Ahr-Rotweinstraße zur Rathausstraße, dann der Kölner Straße folgen und links auf die Hauptstraße, die zweite links in die Jesuitenstraße | **Tipp** Ein wenig weiter westlich befindet sich der Platz an der Linde, der sein Aussehen nach der Flut völlig geändert hat.

45 Die »Hendrech und Jösef«-Skulptur

Zwei Urgesteine – in Stein gemeißelt

In den 1920er Jahren blühte Bad Neuenahr auf. Die Medizin der damaligen Zeit hatte den Nutzen von heilsamen Kuraufenthalten in der Nähe der Sprudelquelle erkannt. Dementsprechend voll waren die Straßen und Plätze des prosperierenden Badeorts. Doch zwischen all den mondänen Damen und Herren hielten zwei ganz besondere Männer die Stellung: Hendrech und Jösef. Die beiden Urgesteine Bad Neuenahrs vertrieben sich den Tag mit Schelmereien und philosophischen Disputen. Und sie konnten durchaus auch einmal schärfere Töne anschlagen, wenn ihnen etwas oder jemand speziell ins Auge fiel. Aber dies geschah – laut Überlieferung – niemals in bösartiger, sondern stets in augenzwinkernder und herzlicher Manier. So wurden Hendrech und Jösef auch beständig beim städtischen Rat vorstellig, um Verbesserungsvorschläge unterschiedlichster Art einzureichen.

Hand aufs Herz: Hendrech und Jösef gab es nicht wirklich. Trotzdem setzte man diesen liebenswerten Klischees von Bad Neuenahrer Originalen 1999 ein Denkmal. Mit der Gestaltung beauftragt wurde das Bildhauer-Duo Johannes Netz und Gerd Hardy. Am Standort des Skulpturen-Paars, dem Alten Markt in der Innenstadt, befanden sich früher luxuriöse Hotels wie das »Kronen-Hotel« oder der »Kaiserhof«. Ein idealer Platz also, um die flanierende Kur-Klientel an sich vorbeiziehen zu lassen, und das zudem in Hör- und Sichtweite des damaligen Rathauses. Auch wenn die kommunale Verwaltung ihren Hauptsitz schon lange nicht mehr im Wirkungsbereich der beiden sympathischen Neuenahrer hat, lauschen sie noch immer dem neuesten Stadtgespräch. Übrigens: Der Schöpfer der beiden kultigen Figuren ist Philipp Bichler, ein Literat aus der Kurstadt, der sicherlich so manch eigene Beobachtung in den Geschichten der beiden sehenswerten Kunstfiguren verewigt hat.

Adresse gegenüber Hauptstraße 80, 53474 Bad Neuenahr | **ÖPNV** Ahrtalbahn, Haltestelle Bad Neuenahr | **Anfahrt** B 266 aus Richtung Sinzig/Koblenz, Abfahrt Bad Neuenahr, dort über die Ahr-Rotweinstraße zur Rathausstraße, dann der Kölner Straße folgen und links auf die Hauptstraße | **Tipp** Rund um den Alten Markt mit seinem außergewöhnlichen Springbrunnen laden Cafés zum Verweilen ein.

46__Der Heppinger Brunnen

Mineralwasser, frisch gezapft

Ob flaschen- oder kastenweise auf Vorrat oder als willkommene Erfrischung für den durstigen Wanderer – der im Zentrum des Bad Neuenahrer Ortsteils Heppingen gelegene Mineralwasserbrunnen war über Generationen hinweg eine viel genutzte, beliebte Institution. Schon 1565 wurde die Heppinger Quelle erstmals urkundlich erwähnt, 1852 entdeckte Georg Kreuzberg die nahe Apollinaris-Quelle und übernahm 1870 die Heppinger Quelle. Pausenlos sprudelte hier das aus den Tiefen des Ahrgesteins nach oben dringende Wasser und ersparte so manchem Bewohner der näheren und weiteren Umgebung den Weg zum Getränkemarkt.

Da ist es nicht verwunderlich, dass im Jahr 2014 heftiger Protest in Heppingen laut wurde, als Pläne über eine Verlegung des Brunnens bekannt wurden. Knapp vier Jahre später half auch der Protest nicht mehr weiter. Ein Bürger hatte auf eigene Faust das Heppinger Wasser untersuchen lassen, und das zuständige Labor attestierte teilweise überschrittene Grenzwerte in Sachen Mangan- und Eisengehalt. Die Wasserentnahmestelle wurde von Rohrleitungen aus dem Bereich des Apollinaris-Brunnens gespeist, sodass eine entsprechende Aufbereitung nicht möglich war.

Obwohl keinerlei auf den Genuss des Heppinger Wassers zurückzuführende Erkrankungen bei den Menschen der Umgebung dokumentiert waren und ein Naturprodukt oft Schwankungen unterliegt, bedeutete dies das Ende der beliebten Zapfstelle. Beim Apollinaris-Brunnen, der inzwischen im Besitz der »Coca-Cola Erfrischungsgetränke AG« ist, wollte man die lange Tradition dennoch weiterführen und errichtete daher direkt gegenüber dem Produktionsgelände an der Landskroner Straße eine neue, moderne Wasserentnahmestelle. Hier können die Bürger dank zweier Wasserhähne wählen, aus welcher Quelle sie täglich von 6 bis 21 Uhr kostenlos trinken möchten. Am linken Hahn fließt echtes Apollinaris, rechts gibt es frisch gezapftes Heppinger.

Adresse Landskroner Straße 175, 53474 Bad Neuenahr | **ÖPNV** Ahrtalbahn, Haltestelle Bad Neuenahr, von dort circa 10 Minuten zu Fuß | **Anfahrt** von der Heerstraße auf die Landskroner Straße, von Bad Neuenahr kommend Zapfstelle auf der linken Seite | **Tipp** Es bietet sich eine Wanderung zur von der Quelle aus gut sichtbaren Burgruine Landskrone mit der davor gelegenen Maria-Hilf-Kapelle an.

47 Die Kapelle am Alten Markt

Wenn Jesus auf Reisen geht

So mancher fromme Katholik hegt den Wunsch, wenigstens einmal im Leben eine Pilgerwanderung zu unternehmen. Gibt es doch so berühmte Orte wie Lourdes oder Santiago de Compostela, zu denen sich Wallfahrer aus der ganzen Welt aufmachen. Auf den – zugegebenermaßen nicht sehr langen – Weg machte sich einst auch eine Kreuzigungsgruppe aus Bad Neuenahr. Nein, damit ist keine martialische Wallfahrerclique gemeint, sondern eine ikonografische Darstellung der Kreuzigungsszene aus dem Alten Testament.

Die detailreichen handgefertigten Steinfiguren, deren Entstehungsjahr auf 1536 datiert wird, gelten als ausgesprochen wertvoll. Dieser Schatz befand sich ursprünglich in der Josephskapelle, die im Jahr 1626 am Alten Markt erbaut worden war. Sie war ein ansehnliches Bauwerk und diente zeitweise sogar als Filialkirche. Die Bewohner des historischen Bad Neuenahrer Ortsteils Wadenheim wichen des Öfteren zum Gottesdienst auf diese Kapelle aus, wenn sie von ihrer eigenen Kirche St. Willibrord durch das regelmäßige Ahrhochwasser abgeschnitten waren. Als dann 1904 schließlich die Rosenkranzkirche als großer spiritueller Anlaufpunkt für die gesamte Region geweiht wurde, riss man die Josephskapelle noch im selben Jahr ab. Sie war obsolet geworden.

Was aber sollte nun mit der obdachlos gewordenen Kreuzigungsgruppe geschehen? Für sie wurde auf der gegenüberliegenden Straßenseite ein neues Heim erbaut, das den schlichten Namen »Kapelle am Alten Markt« trägt. Im Vergleich zur Vorgängerkapelle ist sie sehr klein, nur Jesus, Maria und einige Apostel haben darin Platz. Für deren Sicherheit ist jedoch gesorgt: Ein massives Metallgitter schützt die Gruppe. Entworfen wurde das ansehnliche Kapellchen von dem Architekten August Menken, zu dessen Bauwerken auch die Rosenkranzkirche zählt.

Adresse Alter Markt, 53474 Bad Neuenahr | ÖPNV Ahrtalbahn, Haltestelle Bad Neuenahr | Anfahrt B 266 aus Richtung Sinzig / Koblenz, Abfahrt Bad Neuenahr, über die Ahr-Rotweinstraße auf die Rathausstraße, dann der Kölner Straße folgen und links auf die Hauptstraße, Alter Markt auf der linken Seite | Tipp Die »große Schwester« des Kapellchens, die neugotische Rosenkranzkirche in der nahen Telegrafenstraße, ist allein schon wegen ihres 60 Meter hohen Turms sehenswert.

48 Die Klimastation

Frische Luft vorhanden, Pächter gesucht

Der Kurgast war den Bad Neuenahrern schon immer wichtig. Und für die Gäste, denen die sowieso schon gute Luft des Ahrtals noch nicht gut genug war, gab und gibt es die weit außerhalb der Kreisstadt mitten im Hochwald gelegene Klimastation. Was sich anhört wie ein Forschungszentrum mit Meteorologen, Temperaturmessanlagen und Wolkenbeobachtungsturm, entpuppt sich beim Besuch als eine etwas in die Jahre gekommene Holzhütte, die sich noch dagegen wehrt, zum Lost Place zu werden.

Dabei war hier oben, zwischen Bad Neuenahr und dem schon zum Brohltal gehörenden Dorf Königsfeld, immer einiges los. Gäste wurden von der ehemaligen »Kur AG« zur Klimastation chauffiert, um flankiert vom Waldesrauschen auf bequemen Liegestühlen einmal tief durchzuatmen. Ein eigens abgestellter Mitarbeiter kümmerte sich um das Wohlergehen der Besucher. Die später an den Wochenenden bewirtete Hütte samt Theke und kleinem Biergarten lockte stets zahlreiche Wanderer an, die es sich bei Ahrwein, Kölsch, Kuchen, Schnittchen, Siedewürstchen und deftigem Eintopf gut gehen ließen. Lauffaule Gäste fuhren einfach mit dem Pkw bis zum Parkplatz und nahmen nur den kurzen Weg auf sich. Allerdings ist das Thema Bewirtung seit November 2017 – zumindest bislang – beendet. Seither wird für die weder ans Strom- noch ans Wassernetz angeschlossene, Anfang der 1950er Jahre erbaute Hütte ein neuer Pächter gesucht, der die Klimastation aus ihrem Dornröschenschlaf erweckt.

Für Wanderfreunde ist die Umgebung der Klimastation dennoch ein Eldorado, nicht nur wegen des nahen Ahrsteigs, einem der Top-Wanderwege Deutschlands, sondern auch wegen weiterer attraktiver Ziele wie dem Steckenbergturm in unmittelbarer Schlagdistanz. Und dann ist da ja noch der neben der Klimastation beginnende »Steingarten Steckenberg«, der mit verschiedenem Gestein indes ebenso patiniert daherkommt wie die einstmals so lebendige Hütte.

Adresse Wanderparkplatz an der L 83 (Bad Neuenahr in Richtung Königsfeld), 53474 Bad Neuenahr | **Anfahrt** von Bad Neuenahr über die L 83 Richtung Königsfeld, nach circa 6 Kilometern rechts Parkplatz, von dort 5 Minuten zu Fuß | **Tipp** Nur wenige Kilometer entfernt befindet sich der Ort Königsfeld mit seinem sehenswerten historischen Dorfkern.

49 Der Trimm-dich-Pfad

Erst robust, dann morsch, schließlich modern

Die Definition ist ganz leicht: »Ein Trimm-dich-Pfad ist ein Rundkurs, bei dem sich etwa alle 200 Meter ein einfaches und robustes Turngerät befindet.« Die Idee, einen solchen sportlichen Pfad zu jedermanns Nutzung zu errichten, entstammt der populären Trimm-dich-Bewegung der 1970er Jahre. Auch Bad Neuenahr bekam damals einen Rundkurs, und einige Jahre später sah man ihm die Entstehungszeit deutlich an. Eher morsch als robust, dazu ziemlich bemoost präsentierten sich die Gerätschaften des im Wald gelegenen Trimm-dich-Pfads. Somit bot sich den sportaffinen Neuenahrern eher ein Parcours mit zweifelhaftem Charme als ein idealer Ort für den Breitensport.

Doch es gab Licht am Sporthorizont. Im Winter 2015/16 hat die Stadtverwaltung das Gelände nahe dem 340 Meter hohen Neuenahrer Berg auf Vordermann gebracht. Seitdem trägt der Trimm-dich-Pfad ganz modern die Bezeichnung »Outdoor Fitness Gym«. Den ursprünglichen Charme hat sich der Weg erhalten, er ist aber nicht nur optisch aufpoliert worden.

Neben einer neuen Beschilderung laden seither auch andere Sportübungen wieder auf ansprechende Art zur Bewegung ein. Beim Froschhüpfen trainiert man die Koordination, beim Liegestütz wird die Kraft gefördert, und die Ausdauer kann beim Treppenlaufen erhöht werden. Mittlerweile hat der Neuenahrer Pfad eine recht große Fangemeinde. In einschlägigen Sportlerforen lobt mancher ihn sogar als einen der schönsten in Deutschland. Der knapp 2,1 Kilometer lange Pfad bietet nicht nur Sportfans ein großartiges Erlebnis. Der Weg ist ideal für einen Spaziergang im heimischen Wald, und das gilt insbesondere für diejenigen Besucher, die sich überdies auch körperlich betätigen möchten.

Übrigens: Wer vorab wissen möchte, welche sportlichen Herausforderungen ihn erwarten, kann sich auf YouTube Videos anschauen, in denen jede Übung im Detail vorgeturnt wird.

Adresse Königsfelder Straße, 53474 Bad Neuenahr | **Anfahrt** von der Ortsmitte Bad Neuenahr/Ahrweiler über die L 83 zur Paradieswiese, kurz vor dem Ortsausgang in Richtung Königsfeld, rechts in die Königsfelder Straße | **Tipp** Gleich neben dem Trimm-dich-Pfad liegt die Paradieswiese mit Schutzhütte und Grillplatz. Nicht weit entfernt befindet sich zudem der Waldkletterpark.

50 Der UNICEF-Brunnen

Symbol für ein wertvolles Gut

Zugegeben, es gibt sicherlich ruhigere und für das Auge wohltuendere Orte als den im Zentrum von Bad Neuenahr stehenden UNICEF-Brunnen. Direkt im Verkehrskreisel gelegen, wo Rathausstraße und Kölner Straße zusammentreffen, ist es hier vor allem tagsüber wegen des hohen Verkehrsaufkommens sehr belebt. Der Betriebsamkeit zum Trotz ist der UNICEF-Brunnen im Laufe der Jahre ein wenig in Vergessenheit geraten. Er steht zwar da – aber das war es dann auch schon. Nur wenige Passanten nehmen bewusst von ihm Notiz, die meisten eilen hastig daran vorbei.

Das eigenwillige Brunnen-Kunstwerk hat hier schon seit 2003 seinen Platz, feierte doch in jenem Jahr UNICEF, das Kinderhilfswerk der Vereinten Nationen, sein 50-jähriges Bestehen. In seiner Eigenschaft als Patenstadt des Hilfswerks war Bad Neuenahr-Ahrweiler an zahlreichen Spendenaktionen und UNICEF-Events beteiligt. Als bleibende Erinnerung an dieses Jubiläumsjahr schuf der Künstler Stephan Maria Glöckner den Brunnen, der auf den ersten Blick etwas futuristisch-kalt und abweisend wirkt, dessen Sinn sich dem Betrachter aber bei genauem Hinsehen erschließt. So symbolisiert die Flaschenform die uralte Verbindung der Kreisstadt mit Wasser und Wein. Außerdem stand das Thema »Wasser« auch im UNICEF-Jubiläumsjahr besonders im Fokus. Hinzu kommen drei Säulen für die historischen Neuenahrer Ortsteile Wadenheim, Beul und Hemmessen mit dem sprudelnden Element Wasser im Mittelpunkt. Darüber thront eine große blaue Kugel, die wegen ihres massiven Metallanteils sogar schon gestohlen wurde und unter großem Aufwand ersetzt werden musste.

Der UNICEF-Brunnen soll nicht zuletzt zum Nachdenken und zur Nachhaltigkeit anregen: »Der Brunnen soll uns auch ermahnen, dass gerade unser regionaler Reichtum an Wasser, einem immer wertvoller werdenden Gut, nicht selbstverständlich ist«, sagte Stephan Maria Glöckner im Rahmen der Brunnen-Einweihung.

Adresse im Verkehrskreisel Rathausstraße / Kölner Straße, 53474 Bad Neuenahr | ÖPNV Ahrtalbahn, Haltestelle Bad Neuenahr, von dort circa 10 Minuten zu Fuß | Anfahrt von der Heerstraße oder der Hauptstraße in die Kölner Straße einbiegen und zum Brunnen | Tipp Nur wenige hundert Meter vom UNICEF-Brunnen entfernt befindet sich mit dem »Moses« das einzige große Kaufhaus im Ahrtal (Hauptstraße 83).

51__Die Wadenheimer Wetterstation

Vollendete Tatsachen am Ahrufer

Erst im 19. Jahrhundert wurde aus den drei Dörfern Wadenheim, Beul und Hemmessen die »Gemeinde Neuenahr«. 1927, nach staatlicher Anerkennung der Heilquellen, kam der Beiname »Bad« hinzu. Auch wenn die genannten Dörfer damit verschwunden sind, halten drei Bürgergesellschaften die Erinnerung an die historischen Ortsteile von Bad Neuenahr wach. Eine dieser Gesellschaften ist die 1990 gegründete »Bürgergesellschaft Wadenheim«. Mehr als zwei Jahrzehnte lang war Horst Felten als Vorsitzender die treibende Kraft des Vereins und ist auch heute als Ehrenvorsitzender noch sehr aktiv. Den Vorsitz hat inzwischen Wilfried Sommer übernommen.

Noch immer gibt es viele interessante Denkmäler in dem historischen Stadtteil. Auch Humor und Originalität kommen in Wadenheim, dessen altüberlieferte »Grenzen« sich im Zentrum des heutigen Bad Neuenahr befinden, nicht zu kurz. Ein sichtbarer Beleg dafür ist die direkt am linken Ahrufer gelegene »Wadenheimer Wetterstation«. Wer jetzt Thermometer, Hygrometer oder andere Wetterinstrumente erwartet, wird enttäuscht sein. Mit einem großen Findling wird der Besucher vor vollendete Tatsachen gestellt, entpuppt sich der Stein doch als wahrer Wetter-Alleskönner. Ein angebrachtes Schild bringt es auf den Punkt: Stein nass = Regen, Stein weiß = Schnee, Stein schwankt = Erdbeben, Stein bewegt sich = Sturm, Stein ist nicht sichtbar = Nebel, Stein wirft Schatten = Sonnenschein, Stein dampft = Hitze nach Regen, Stein steht unter Wasser = Hochwasser, Stein ist verschwunden = Stein wurde geklaut.

Der Fall »Stein verschwunden« trat auch bei der Flut nicht ein. Aber das Schild der Wetterstation wurde vom Wasser fortgerissen. Der Stein steht auch heute noch an seinem alten Ort, wurde neu beschildert und sorgt seitdem wieder für eine 100-prozentig sichere Wettervorhersage.

Adresse Georg-Kreuzberg-Straße, 53474 Bad Neuenahr | **ÖPNV** Ahrtalbahn, Haltestelle Bad Neuenahr, von dort circa 25 Minuten zu Fuß | **Anfahrt** von der Telegrafenstraße in die Georg-Kreuzberg-Straße einbiegen und ihr circa 100 Meter folgen | **Tipp** Direkt auf der anderen Ahr-Seite befindet sich der traditionsreiche Kurpark von Bad Neuenahr, der nicht nur mit einer faszinierenden Parkanlage, sondern auch mit zahlreichen Events lockt.

52 Der Innovationspark

Helfer-Shuttle und grenzenlose SolidAHRität

Trotz des eine Mischung aus Moderne und Tradition versprechenden Namens ist der im Örtchen Beller über den Ahrbergen gelegene »Innovationspark Rheinland« ein Industriegebiet wie die meisten anderen auch. Firmen aus Handel, Handwerk und Gewerbe haben sich hier angesiedelt, darunter auch der Süßwarengigant Haribo.

In den Tagen und Wochen nach der Flutkatastrophe im Juli 2021 schrieb das Gewerbegebiet im Bereich der Gemeinde Grafschaft jedoch Geschichte. Denn die Flut brachte dem Ahrtal nicht nur Tod und Zerstörung, sondern auch eine riesige Welle der Unterstützung und Anteilnahme. Hunderttausende Menschen aus dem In- und Ausland machten sich auf den Weg, um bei der Beseitigung der massiven Schäden mit Herz und Hand vor Ort mitzuwirken. Allerdings sorgte die unerwartete Helfer-Masse für lange Staus und Behinderungen auf den Zufahrtsstraßen. So kamen die beiden Ahrtaler Unternehmer Marc Ulrich und Thomas Pütz auf die geniale Idee, den »Helfer-Shuttle« zu gründen, der mit Bussen die Freiwilligen vom Innovationspark aus in das Flutgebiet transportierte. So konnten die zahllosen Helfer, die für das Ahrtal von unschätzbarem Wert waren, ihre Fahrzeuge in Beller abstellen und bei Bedarf auch dort campieren. Mit den vielen Zelten, Wohnwagen und Wohnmobilen glich das sonst eher triste Industriegebiet einem bunten Heerlager.

Der »Helfer-Shuttle«, für dessen Etablierung die Initiatoren mit dem Landesverdienstorden gewürdigt wurden, entwickelte sich zu einer professionellen, allseits anerkannten Organisation, die weit über 100.000 Menschen ins Tal beförderte und unzählige Synergien schuf. Heute erinnert im Innovationspark Rheinland nichts mehr an die Zeit, als selbst Bundespräsident Frank-Walter Steinmeier das Projekt besuchte. Die Dankbarkeit für die grenzenlose SolidAHRität wird im Ahrtal jedoch immer bestehen bleiben.

Adresse Carl-Bosch-Straße, 53501 Grafschaft-Beller | ÖPNV Bus von Bad Neuenahr-Ahrweiler, Haltestelle Innovationspark Rheinland | Anfahrt A 61, Ausfahrt Grafschaft; oder über die L 83/L 79, im Kreisel Abfahrt Innovationspark Rheinland nehmen | Tipp In direkter Nähe befindet sich die für Radfahrer und Wanderer gleichermaßen attraktive »Rheinische Apfelroute«.

53__Der Schmetterlingsgarten

Tropische Tier- und Pflanzenwelt an der Ahr

Fällt der Name Blankenheim, denken die meisten sicher zuallererst an die Ahrquelle, aber auch an das Eifelmuseum, den historischen Ortskern oder die Burg Blankenheim. Wer verbindet schon feuchtschwüle Wärme, exotische Tiere und tropische Pflanzen mit einer Region wie der Eifel? Doch genau solch ein Regenwald-Biotop kann man im Eifalia Schmetterlingsgarten hautnah erleben.

Das kleine, von außen relativ unscheinbare Tropenparadies liegt am Ufer der hier noch recht schmalen Ahr im Blankenheimer Ortsteil Ahrhütte. Allerdings geht es im Eifalia nicht nur um die Fauna und Flora ferner Länder. Im Außenbereich mit großem Insektenhotel, einem Bienenschaukasten sowie dem »Pavillon für einheimische Raupen und Blütengäste« erfährt der Besucher, was an der Ahr so alles kriecht und fliegt. Die Schmetterlingsinsel mitsamt Botanischem Garten lädt mit ihren vielen Pflanzen und den Kunstinstallationen vor allem im Sommer zum gemütlichen Verweilen ein.

Wer das Gebäude des Schmetterlingsgartens betritt, gelangt über einen kleinen Empfangsraum in die Welt der feuchtwarmen Tropen, durch die ein Rundkurs führt. Palmenartige Gewächse und Schlingpflanzen strecken sich bis zur Decke, und farbenfrohe Blüten erfreuen das Auge des Betrachters. Hier leben mehr als 48 Arten tropischer Schmetterlinge. Sie fliegen umher, sitzen auf Blumen, Blättern und Futterstellen oder nehmen auch mal auf den Besuchern Platz. Ein Schaukasten erklärt anschaulich die faszinierende Metamorphose vom Ei über die Raupe zur Puppe und schließlich zum Schmetterling. Zur Eifalia-Tierwelt gehören auch Schildkröten, Leguane und Vögel, die die Anlage ebenso bereichern wie das 2023 errichtete »Kinderparadies«. Im Shop gibt es neben schönen Souvenirs für Schmetterlingsfans auch Getränke und Snacks. Besonders zu empfehlen: Waffeln mit Vanilleeis, heißen Kirschen und Sahne!

Adresse Am Hammerwerk 2, 53945 Blankenheim-Ahrhütte, www.eifalia-schmetterlingsgarten.de | Anfahrt Am Hammerwerk als Nebenstraße der B 258 von Adenau aus gut über die L 10 zu erreichen | Öffnungszeiten Schmetterlingsgarten: 31. März–30. April 10–16 Uhr, 1. Mai–30. Sept. 10–17 Uhr, 1. Okt.–29. Okt. 11–17 Uhr; Botanischer Garten: 1. Mai–1. Okt. täglich; Kinderland: 1. Juni–29. Okt. täglich 10.30–17 Uhr; Eintritt: Erwachsene 8,50 Euro, ermäßigt 6,50 Euro, Kinder unter 3 Jahren frei | Tipp Im nur wenige Kilometer entfernten Hauptort Blankenheim kann man die jederzeit frei zugängliche Quelle der Ahr besichtigen.

54 Die Esels-Skulptur

»Äsel« ist kein Schimpfwort

Wird man von seinen Mitmenschen als »Esel« bezeichnet, ist dies meist keine Sympathiebekundung. Die Bewohner Dernaus hingegen haben damit kein Problem. Im Gegenteil: Dort ist man geradezu stolz darauf, nach dem sturen Vierbeiner, mundartlich »Äsel«, benannt zu sein.

Der Begriff stammt aus der Zeit nach dem Ersten Weltkrieg. Wie in so vielen Dörfern und Städten der Ahr gab es damals Reparaturbedarf. Die französischen Truppen, die zu Weltkriegsende Dernau erreichten, hatten natürlich auch schweres Gerät dabei, das bewegt werden wollte. Dazu setzten sie neben den Pferdezugwagen auch andere Lasttiere ein, darunter viele Esel. Nach einiger Zeit gingen die Franzosen, und die Esel blieben zurück. Und das in hoher Stückzahl. Überall bevölkerten die Tiere die Wege und Hänge und blieben auf Jahre hin prägend für das Dernauer Ortsbild. Für die Bewohner der umliegenden Dörfer war klar: Sobald ein Esel gesichtet wurde, musste der aus »Dearne« stammen, wie die Einheimischen ihr Dorf noch heute nennen. Außer beim Bau des 1927 errichteten Krausbergturms gab es kaum Einsatzmöglichkeiten für die Tiere. Denn die Dernauer Weinberge waren zu steil und die Esel bei der herbstlichen Traubenlese keine große Hilfe.

Heute ist man sehr stolz auf die »Äsel«. Davon zeugt die marmorne Skulptur in der Dorfmitte, die 2010 aufgestellt und »Verona« getauft wurde. Das Steintier litt seither mächtig. Ganze zwei Mal wurden ihm die Ohren von übermütigen Weinfestbesuchern abgeschlagen – aber stets fix repariert. Im Juli 2021 folgte die völlige Zerstörung. Bei der Flut wurde der Esel fortgerissen, er verschwand in den Trümmern. Doch die Esellosigkeit war nur eine kurze Episode. Es dauerte nicht lange, bis der Dernauer Dieter Meyer gemeinsam mit seinem chinesischen Freund Guodong Wang eine neue »Verona« bestellte. Die Eselin kam nach langer Seereise im Juli 2022 in Dernau an.

Adresse Dorfmitte, 53507 Dernau | **ÖPNV** Ahrtalbahn oder Ersatzverkehr, Haltestelle Dernau | **Anfahrt** von der B 267 aus Richtung Bad Neuenahr-Ahrweiler oder Adenau kommend den Schildern zum Bahnhof folgen (Parkmöglichkeiten vorhanden), von dort wenige hundert Meter zu Fuß | **Tipp** Oberhalb von Dernau, in Richtung Grafschaft-Esch an der K 35, gibt es die »Schönste Weinsicht«, einen Aussichtspunkt mit einem gigantischen Blick über den Weinort.

55 Die Räucherwehren

Einsatztruppen einer längst vergangenen Zeit

Haardte, Kiere, Ortesse, Baache und Patt Nöcke sind klingende Namen in Ahrtaler Platt und bezeichnen die historischen Ortsteile von Dernau. Ihren Ursprung haben diese Gemeinschaften in einer Winzertechnik, die heute weitestgehend unbekannt ist: dem Räuchern der Weinberge. Die erwähnten Dernauer Gemeinschaften waren Räucherwehren, die sich im 19. Jahrhundert formierten und in Trupps, sogenannten Rotten, zusammenschlossen. Ihre Aufgabe bestand darin, mittels Erzeugung von Rauch die Weinberge vor Frost zu schützen. Das Verfahren kam vor allem im April und Mai zum Einsatz, wobei die Eisheiligen Mitte Mai besonders gefürchtet waren. Schließlich war Frost tödlich für die austreibenden Weinreben. So sollte der Rauch die Kälte abhalten, indem der Himmel künstlich verdunkelt wurde. Dieses »Klima-Engineering« hatte eine grauenhafte CO_2-Bilanz: Verbrannt wurde alles, was qualmte, also nicht nur Holz, sondern auch Teer und später sogar Autoreifen.

Derartige Räucherwehren existierten nicht nur in Dernau, sondern an der ganzen Mittelahr. Es wurden Meldedienste eingerichtet, und wo es kein Telefon gab, musste ein Fahrradkurier los, um andere Winzer vor Frost zu warnen. Es wurden sogar bemannte Wachstuben eingerichtet. Das Räuchern war durchaus effektiv, weshalb bis in die späten 1950er gefackelt wurde, was das Zeug hielt. Die Tradition der Räucherwehren wird in Dernau lebendig gehalten. Aus den Rotten sind Dorfgemeinschaften geworden, die großes Engagement für ihre »Quartiere« zeigen. Außerdem findet jedes Jahr ein Fußballturnier, der Esels-Cup, statt, bei dem die Teams der historischen Ortsteile gegeneinander antreten.

Bei der Flut wurde die Figur des heiligen Matthias fortgespült, aber bereits 2022 wieder ersetzt. 2023 wurde auch eine fast vergessene Tradition wieder aufgenommen: Gemeinsam sangen die »Kiere«-Bewohner ihrem »Mätthes« ein kleines Ständchen.

Adresse St.-Matthias-Heiligenhäuschen, Burgstraße, 53507 Dernau | **ÖPNV** Ahrtalbahn oder Ersatzverkehr, Haltestelle Dernau | **Anfahrt** von der B 267 in die Bungertstraße, dann links in die Burgstraße | **Tipp** Gerade zum St.-Martins-Fest zeigt sich die beständige Aktivität der heutigen Dorfgemeinschaften. So entzünden sie in den Weinbergen imposante Martinsfeuer.

56 Das Ommelbachtal

Nachbarschaft aus Luxus und Lost Places

Fährt man von Ahrweiler über die Landstraße nach Adenau, geht es nach 22 Kilometern links ab. Dort liegt das Ommelbachtal, benannt nach dem darin fließenden Bach. Hier stößt man auf ein Wohngebiet, wie man es sicher nur selten findet. Die Häuser stehen großzügig voneinander entfernt, es gibt kaum Verkehr. Sogar die Müllabfuhr hat die Versuche aufgegeben, die steile Straße mit ihren Fahrzeugen zu erobern. Es herrscht absolute Stille, denn auch die sonst im Ahrtal sehr präsenten Motorradfahrer verirren sich nicht hierher.

Das Ommelbachtal ist ein Ort voller Kontraste. Neben gepflegten Wochenendhäusern und piekfeinen Wohnmobilen stehen uralte Trafohäuschen, akkurat angelegte Vorgärten grenzen an verwilderte Haine. Und hier und dort führen von Brennnesseln und Efeu überwucherte Schieferstufen zu Gebäuden, die längst verlassen sind. So hat sich das sehenswerte Tal zu einem Anziehungspunkt für Abenteurer oder Geocacher entwickelt. Die Spurensuche ist nicht ungefährlich. Manche Stufen sind durch Frost und Hitze gesprungen und liegen ohne Halt als Trümmer aufeinander, und an alten Geländern blättert der Lack ab.

Der zweite Reiz des Ommelbachtals ist seine Lage inmitten einer unberührten Natur. Der Bach ist weitestgehend naturbelassen und derart von Wildpflanzen überwuchert, dass man das Wasser vielerorts eher hört als sieht. Das kleine Tal ist ein Biotop für mittlerweile selten gewordene Insektenarten wie Libellen und Schmetterlinge, aber auch für Amphibien.

Hat man das Ende der langen und kurvigen Straße schließlich erreicht, bietet sich ein toller Ausblick über Kornfelder, Hügel und Dörfer, die von dunklen Laub- und Nadelwäldern flankiert werden. Außerdem soll sich hier, in der Nähe des Nürburgrings, legendärer Rennsport zugetragen haben: Auf der steilen Strecke hatten die Kids von früher bei Seifenkistenrennen einen Riesenspaß.

Adresse Ommelbachstraße, 53520 Dümpelfeld | **Anfahrt** B 257, Abzweig der Ommelbachstraße genau zwischen Liers und Dümpelfeld | **Tipp** Ein weiterer Hotspot in Dümpelfeld ist die Teufelsley, eine bizarre Felsformation aus Quarzit.

57 Das Winzerhäuschen

Die Seele baumeln lassen

Nein, um im Ahrtal bei Spätburgunder, Weißherbst, Käsewürfeln und Schmalzbroten mitten in den Weinbergen die Fernsicht zu genießen, muss man sich nicht auf dem kilometerlangen Rotweinwanderweg Blasen laufen. Recht bequem und vor allem ziemlich flott ist das auf dem Ehlinger Berg gelegene Winzerhäuschen zu erreichen.

Die Straußwirtschaft wird vom Heimersheimer Weingut Linden betrieben, und der Gast sitzt tatsächlich zwischen den Reben, deren Wein er sich beim Genießen des Panoramablicks einverleibt. Besonders begehrt sind die Terrassenplätze rund um das urige Holzhaus, wo irgendwie die Zeit stehen geblieben zu sein scheint. Hier kann man die Seele baumeln lassen, man vergisst den obligatorischen Blick aufs Smartphone, und selbst die in der Ferne zu erkennende Autobahn stört nicht. Wer zufällig zum Abschluss des Heimersheimer Weinfestes am Winzerhäuschen weilt, kann sich das Feuerwerk von echten Logenplätzen aus ansehen.

Als Straußwirtschaft wird ein Lokal bezeichnet, das nicht ganzjährig, sondern nur zu bestimmten Zeiten geöffnet hat. Die Winzerhäuschen-Saison beginnt immer am Karfreitag und endet am letzten Oktoberwochenende. Neben den oben erwähnten Speisen und Getränken werden auch hausgemachte Blut- und Leberwurst, Dauerwurst, Salzgebäck und alkoholfreie Drinks angeboten. Alte Bäume und weinberankte Lauben sorgen im Sommer für angenehmen Schatten, und auf der angrenzenden Wiese mit Spielgeräten können Kinder nach Herzenslust herumtollen. Liebevoll familiär werden die Gäste vom Ehepaar Herbert und Aloysia Linden bewirtet, deren Winzerhäuschen wie eine Mischung aus Almhütte und kleinem Holzblockhaus daherkommt – urig, alternativ und keineswegs verstaubt. Und wer nach einer Stärkung doch noch ein Weilchen laufen möchte, der kann den nahen Wald unsicher machen oder über einen der zahlreichen Wanderwege durch die beschaulichen Weinberge flanieren.

Adresse 53474 Ehlingen | Anfahrt von Ehlingen auf den »Ehlinger Berg«, in circa 15 Minuten zu Fuß zum ausgeschilderten Ziel | Öffnungszeiten Ostern–Ende Okt. Mi–Sa ab 14 Uhr, So ab 11 Uhr | Tipp Alljährlich Ende Juni/Anfang Juli findet in Ehlingen am historischen Backhaus im Dorfkern das »Ehlinger Backesfest« mit Spezialitäten aus dem uralten Ofen statt.

58_Die Windmühle

Mehlproduktion an der »AFH«

Die Fritzdorfer Windmühle ist in diesem Buch eine Besonderheit, ist sie doch einer von insgesamt nur zwei Orten, die in Nordrhein-Westfalen liegen. Das hört sich irgendwie nach verdammt weit vom Ahrtal weg an – ist es aber nicht. Von Ringen aus sind es nur wenige hundert Meter bis zur Windmühle. Die Ahrberge sind hier in greifbarer Nähe, auch wenn die Umgebung mit den vielen Obstplantagen typisch für die Grafschaft ist. Da passt die Lage direkt an der »Apfel-Route« perfekt. Die Wege zur Windmühle sind abgelegen, aber gut ausgebaut und somit ideal für Radfahrer, Wanderer und notfalls auch Pkw-Nutzer. Weitaus älter als die »Apfel-Route« ist die im frühen Mittelalter entstandene »Aachen-Frankfurter-Heerstraße« (AFH), die ebenso in direkter Nähe verläuft und etliche Entdeckungen bereithält. Die Ritter der in Sichtweite befindlichen Tomburg kontrollierten den Streckenabschnitt.

Die Ursprünge der Fritzdorfer Windmühle reichen ebenfalls bis ins Mittelalter zurück, sie gehörte dem Kollegiatstift Münstereifel. Die heutige Mühle wurde 1842 von dem aus Westfalen stammenden Müller Julius Robrecht nach holländischem Vorbild mit drehbarer Haube und zwei Mahlgängen erbaut. 1894/1895 endete die Mehlproduktion, 14 Jahre später wurden Wohnhaus und Wirtschaftsgebäude niedergelegt. Als dem Turm Ende der 1970er Jahre der Verfall drohte, erfolgten umfangreiche Sanierungsarbeiten.

Die einst beeindruckenden Flügel sind längst verschwunden, aber die riesigen Mühlsteine können noch immer auf dem Vorplatz besichtigt werden. Eine großzügig bebilderte Informationstafel berichtet von der Windmühle ebenso wie von der Aachen-Frankfurter-Heerstraße. Inzwischen ist die Gemeinde Wachtberg für die Fritzdorfer Windmühle zuständig, die zu den wenigen erhaltenen Windmühlen der Region zählt und für private Feierlichkeiten gemietet werden kann.

Adresse Windmühlenstraße, 53343 Fritzdorf | ÖPNV DB Regio Bus 848, 853, 857, Haltestelle Mitte | Anfahrt aus Richtung Ringen/Beller (L 79) auf die Joseph-von-Fraunhofer-Straße, dann über die Heinrich-Lanz-Straße in die Windmühlenstraße | Tipp Fritzdorf ist ein stark vom Obstanbau geprägtes Dorf. Bei mehreren Bauern im Ort können frische Äpfel, Birnen und Beeren direkt vom Erzeuger erworben werden.

59 Die alte Ölmühle

Vom Feld gleich in den Eimer

Töpfe, Flaschen, Eimer und Schüsseln: Kein Behältnis war ungeeignet, um das flüssige Gold abzuzapfen. Gemeint ist das Rapsöl der Ölmühle in Green, dem mit Abstand kleinsten Stadtteil von Bad Neuenahr-Ahrweiler. Denn eine richtige Abfüllanlage hatte das halbe Dutzend Männer nicht, das bis 1971 aus dem Raps das Öl presste. An Nachfrage herrschte kein Mangel. Das hochkalorische Öl war ein begehrtes Nahrungsmittel, vor allem in der Nachkriegszeit, als der Tauschhandel boomte. Damals gab es für zwölf Liter Öl einen ganzen Zentner Weizen.

Das einstige Rapsöl ist nicht mit dem Produkt vergleichbar, das man heute im Supermarktregal findet. Es war nicht raffiniert und hatte einen hohen Wasseranteil. Deshalb spritzte es beim Erhitzen ordentlich in der Pfanne und roch auch nicht sehr angenehm. Aber der Geschmack muss einzigartig gewesen sein. Der Gedanke an in Rapsöl ausgebackene Reibekuchen ist für manchen Greener auch heute noch Nostalgie pur.

Wann genau in der Mühle zum ersten Mal Raps gepresst wurde, weiß auch der heutige Bewohner Manfred Dernbach nicht. Es muss irgendwann Ende des 15. Jahrhunderts gewesen sein, da man in den 1970er Jahren das 500. Jubiläum feierte. Der Grund für die Schließung der Mühle war der zunehmende Konkurrenzdruck. Industrielle Hersteller importierten in großem Umfang Sojabohnen und machten daraus Öl. Das war in den 1960ern und 1970ern ziemlich angesagt, weshalb die Nachfrage nach Rapsöl sank. Die Spuren der einstigen Ölproduktion sind jedoch bis heute sichtbar. Die Nikolaus-Bahles-Straße, benannt nach dem Großvater von Manfred Dernbach, wirkt inzwischen wie ein kleines Freilicht-Mühlen-Museum. Dort stehen der alte Kollergang, knarzige Holzmühlen und sogar das Grabkreuz des Herrn Bahles. Dernbach selbst, längst im Rentenalter, presst kein Öl, sondern hat sich auf die Herstellung von Meisenknödeln verlegt. Als Beschäftigungstherapie, wie er sagt.

Adresse Nikolaus-Bahles-Straße, 53474 Green | ÖPNV Ahrtalbahn, Haltestelle Heimersheim | Anfahrt von der B 266 in Heimersheim über die Kloster-Prüm-Straße in die Ehlinger Straße, vor dem Ortsausgang Richtung Ehlingen auf die Ernst-Thrasolt-Straße, an deren Ende in die Nikolaus-Bahles-Straße | Tipp Im nahen Ehlingen findet sich mit der alten Schule ein Gebäude, das den kulturellen Mittelpunkt bei vielen Festen des Dorfes bildet.

60 Die Backesse

Ein Kegelclub heizte den Ofen an

Im Laufe der Jahrhunderte hat sich auf dem Gebiet des Bäckerwesens einiges getan. Während man heute das Brot beim Bäcker oder im Discounter kauft, backte man es früher fast immer selbst. Da nicht jeder zu Hause einen eigenen Ofen besaß, wurden mancherorts öffentliche Backhäuser errichtet, die von jedermann genutzt werden konnten. Ein solches Haus findet sich auch in Heimersheim, das sogenannte »Westtor-Backes«. Allein die Umgebung ist sehenswert, denn es grenzt direkt an das Westtor, den letzten Rest der aus dem Mittelalter stammenden Stadtbefestigung.

Die gute Backstube selbst ist schon über 200 Jahre alt, lag jedoch zu Beginn außerhalb der Mauer. Laut mündlicher Überlieferung wurde sie irgendwann versetzt und baulich ergänzt, als eine Menge Bruchstein verfügbar war.

Das »Westtor-Backes« ist eines von insgesamt vier Backhäusern, die es ursprünglich in Heimersheim gab. Sie standen verteilt an den Stadttoren. So wie es im nicht weit entfernten und mittelalterlich geprägten Ahrweiler heute noch der Fall ist.

Neben dem »Westtor-Backes« existiert in Heimersheim noch das »Orjasse Backes« in der Grabenstraße. Auch dies ruhte, bis im Jahr 1972 ein Kegelclub auf die Idee kam, den Ofen anzufeuern und »Döppekooche«, eine rheinische Spezialität aus geriebenen Kartoffeln, Mettwurst, Zwiebeln und Speck, zu backen. Das kam bei den Heimersheimern so gut an, dass man sich auch ans Brotbacken heranwagte, was wesentlich schwieriger ist. Es machte wohl so viel Spaß, dass in den 1990er Jahren ein Förderverein gegründet und eine Teigmaschine angeschafft wurde. Auch heute noch wird der Ofen befeuert, und man backt in Gemeinschaftsarbeit schmackhaftes Sauerteigbrot. Als Heizmaterial dient wie anno dazumal das Holz von Fichten, Tannen und Buchen, das den Produkten aus dem Backes eine besondere Note verleiht. Auch das »Westtor-Backes« wird gelegentlich befeuert.

Adresse Johannisstraße 28 (Westtor), 53474 Heimersheim | ÖPNV Ahrtalbahn, Haltestelle Heimersheim | Anfahrt von der L 80 der Martinusstraße folgen, in Heppingen auf der Heppinger Straße bis zum Westtor | Tipp Das Westtor und die Stadtmauer sind teilweise begehbar und über eine Treppe gleich neben dem Backes zu erreichen.

61 Die Skulpturen

Ein Dorf voller kleiner Meisterwerke

Heimersheim steht ebenso wie der große Nachbarort Ahrweiler für mittelalterliche Traditionen wie das Historische Weinfest und erstklassige Weine. Weitgehend unbekannt sind dagegen die kleinen Skulpturen aus Stein und Metall, die von der Geschichte des Dorfes erzählen. Zum einen gibt es da den »Hohnde-Maat«. »Hohnde« bedeutet im Dialekt nicht »Hunde«, sondern »Hühner«. Bis 1920 fand in Heimersheim regelmäßig ein Geflügelmarkt statt. Auf dem »normalen« Markt an der Pfarrkirche St. Mauritius durften aus hygienischen Gründen keine Hühner verkauft werden. Heute erinnert ein Metallkäfig mit einigen bronzenen Hühnern an der Ecke Mauritius- und Bachstraße an diese besondere Verkaufsstätte.

Beim »Heimische Jromperefett« geht es um ein weiteres wichtiges Lebensmittel. Die Steinskulptur zeigt eine ältere Frau beim Kartoffelschälen. Als Christoph Kolumbus die Kartoffel nach Europa brachte, setzte sich die tolle Knolle zunächst nur sehr langsam durch. Einzig die Heimersheimer waren von Anfang an begeistert und zogen die Kartoffel dem zuvor tagein, tagaus verzehrten Hirsebrei vor. Das wirkte auf die Bewohner der umliegenden Ortschaften wohl etwas befremdlich, weshalb die Heimersheimer auch heute noch mit der Kartoffel in Verbindung gebracht werden.

Auch die »Waschfrau« am Roten Platz lässt die Vergangenheit lebendig werden. Denn es war bis in die 1950er Jahre üblich, dass die Frauen des Dorfes an dem Bach namens Mühlenteich ihre Wäsche wuschen. Für die Buntwäsche brauchte man damals rund zwölf Stunden. Und bis die weiße Wäsche vom Bachwasser blütenrein gewaschen war, verging tatsächlich ein ganzer Tag. Natürlich musste die Wäsche zuvor erst im Kessel gut gekocht werden. Aus Dankbarkeit dafür, dass die Frauen früherer Generationen stets für saubere Wäsche im Schrank gesorgt hatten, wurde das kleine Denkmal im Jahr 2012 eingeweiht.

Adresse Hohnde-Maat: Ecke Mauritiusstraße / Bachstraße; Heimische Jromperefett: Johannisstraße; Heimersheimer Waschfrau: Roter Platz, 53474 Heimersheim | **ÖPNV** Ahrtalbahn, Haltestelle Heimersheim | **Anfahrt** an der B 266 zwischen Ahrweiler und Sinzig, am besten zu Fuß zu den drei Skulpturen, Parkplätze unter anderem im Heimersheimer Gewerbegebiet Im Wiesenweg, parallel zur B 266 | **Tipp** Auch das angrenzende Heppingen mit dem Schloss Metternich in der Burgstraße lohnt einen Besuch.

62__Die XXL-Sitzbank

Ein monumentales Möbel bietet Fernblick

Südöstlich von Heimersheim steht eine Sitzgelegenheit, deren Ausmaße gelinde gesagt gigantisch sind. Die XXL-Sitzbank, die stolze fünf Meter lang und drei Meter hoch ist, ragt inmitten von Wiesen empor und ist schon von Weitem zu sehen. 3,6 Kubikmeter Lärchenholz waren für ihre Anfertigung im Jahr 2014 nötig. Und schnell mauserte sich das monumentale Möbelstück zu einem der beliebtesten Fotomotive im Ahrtal. Kein Wunder: Selbst ein Hüne wirkt neben ihm wie ein Däumling.

Die Idee zu dieser außergewöhnlichen Bank stammte vom »Ahrtal-Tourismus Bad Neuenahr-Ahrweiler e. V.«, dessen damaliger Vorsitzender Andreas Wittpohl sich von ähnlich großen Sitzgelegenheiten in Luxemburg hatte inspirieren lassen.

Die Bank erfreut sich dank der malerischen Lage inmitten von Feldern und Wiesen bei Wanderern und Spaziergängern sehr großer Beliebtheit. Direkt am Ahrsteig, dem Premium-Wanderweg des Ahrtals, aufgestellt, bietet sie eine tolle Gelegenheit zur Rast. Um auf die Bank zu gelangen, gibt es verschiedene Möglichkeiten. So können sich sportliche Menschen per Klimmzug nach oben hangeln. Oder man benutzt den kleinen hölzernen Steg, der hinaufführt. Das Sitzen auf der Bank ist nicht nur entspannend, sondern bietet auch etwas für das Auge. Von dort oben hat man einen herrlichen Blick über den Ort Heimersheim und auf den Berg Landskrone mit seiner weißen Kapelle. Beschränkte Platzkapazitäten sind nicht zu erwarten: Auf die einladende Sitzfläche passen gut und gern zehn Personen nebeneinander.

Leider konnten sich nicht alle Zeitgenossen an der schlichten Schönheit des Möbels erfreuen und hielten es für nötig, die XXL-Bank mit Graffiti zu »verschönern«. An der tollen Idee und dem noch tolleren Ausblick ändert dies jedoch glücklicherweise nichts, denn die Bank wird regelmäßig von den Mitarbeitern der Stadt Bad Neuenahr-Ahrweiler gesäubert.

Adresse neben dem Ahrsteig, 53474 Heimersheim | **ÖPNV** Ahrtalbahn, Haltestelle Heimersheim | **Anfahrt** vom Ortskern Heimersheim zu Fuß auf dem Vehner Weg aus dem Ort hinaus in die Felder, rund 25 Minuten zur Riesenbank | **Tipp** Die Bank ist nicht die einzige Skulptur aus Holz am Ahrsteig. Unterwegs begegnet man auch diversen Waldgeist- und Tierfiguren.

63__Das Teleskop

Wenn das Ahrtal in Japan anklopft

Der Aufstieg auf die Landskrone lohnt sich immer, auch wenn er anstrengend ist. Der kurze, aber teilweise recht steile Wanderweg vom Bahnhof in Heimersheim durch die Weinberge der örtlichen Winzer wartet mit diversen Schwierigkeitsstufen auf. Dass der Untergrund auch mal steinig sein kann, weiß jeder Wanderfreund, der sich mit weinwirtschaftlich bestellten Feldern auskennt. Und nach dem Anstieg durch geröllige Weinfelder folgt noch eine kleine Waldetappe mit Wurzelwerk zur Ausgleichsübung. Aber die ganze Mühsal ist nicht umsonst. Denn erst mal oben angekommen, bietet sich auf dem Plateau der Landskrone eine phantastische Aussicht über das Ahrtal in Richtung Dernau.

Wem das nicht reicht, der kann einen Blick durch ein besonderes Vergrößerungsglas werfen. Denn auf der Spitze der Landskrone steht ein Hochleistungs-Fernrohr. Eine Abschlussklasse der örtlichen Berufsbildenden Schule des Jahres 2017 hatte die zündende Idee zur Installation. Dass die Umsetzung gar nicht so leicht war, können heute noch die Lehrer bestätigen. Gewillt, etwas ganz Professionelles abzuliefern, beschlossen die damaligen Schüler, einen Meilenstein in Sachen Metallbau zu konstruieren. Auf die Optik hatte man sich fixiert, und so sollte es ein Fernrohr werden.

Zunächst hatten sie Mühe, die nötigen Sponsoren und Unterstützer für die Finanzierung der fragilen Konstruktion zu finden. So stand man gar in Kontakt mit Linsenherstellern aus Japan. Schließlich konnte das Projekt vollendet werden. Schüler wie Lehrer sind mächtig stolz darauf und kümmern sich hingebungsvoll um die Wartung des Gerätes. Heute ziert das Teleskop das Plateau der Landskrone: stahlhart und benutzbar. Und sogar begehbar. Auf einem stabilen Kunststoffpodest können interessierte Besucher ein Stück vom Boden abheben, um auf Heppingen und das Ahrtal von Sinzig bis nach Dernau zu blicken – ein unbezahlbarer Ausblick! Schade ist nur, dass das Podest häufig Ziel von Zerstörungswut wird.

Adresse Landskrone, 53474 Heppingen | **ÖPNV** Ahrtalbahn, Haltestelle Heimersheim, von dort 50 Minuten zu Fuß zur Landskrone | **Tipp** Auf halber Strecke zur Spitze befindet sich die Maria-Hilf-Kapelle. An besonderen Feiertagen werden dort große Outdoor-Gottesdienste gefeiert.

64 Das Weinberghäuschen

Ein Stückchen Toskana an der Ahr

Es ist derart klein und unscheinbar, dass es im kollektiven Bewusstsein des Ahrtals schon mehrmals fast verschwunden wäre. Dabei ist das Weinberghäuschen am Fuße der Landskrone zwischen Heppingen und Heimersheim nur die »Spitze des Eisbergs«. Die kleine Hütte markiert den Eingang zu einem alten Stollensystem. Ein 27 Meter tiefer Weinkeller mündet in einen Stollen mit einer Länge von weiteren 40 Metern. Dass dort früher Weinfässer gelagert wurden, ist sehr naheliegend. Lange Zeit war dies jedoch nicht so. Immer wieder wurden Keller und Stollen zweckentfremdet. Im Zweiten Weltkrieg dienten die unterirdischen Räume als behelfsmäßiger Luftschutzraum. Danach wurden dort Autoreifen aufbewahrt.

Aber: Schon immer zog das Häuschen mit dem morbiden Charme die Blicke auf sich. Der regionale Historiker Diethard Bahles bezeichnete die Hütte gar als »Weinbergstempel«. Bis in die 1980er Jahre tappte man bei der Frage, wer der Erbauer gewesen sein mochte, im Dunkeln. Erst bei einer umfangreichen Aufräumaktion entdeckte man im Keller einen Torbogen. »Weinkeller v. Wilhelm C. Brohl in Heimersheim« lautet die Inschrift. Auch das Erbauungsjahr 1853 ist auf dem Bogen eingemeißelt. Der historische Wert war somit erwiesen.

Im Laufe der Jahrzehnte verfiel »Brohls Keller«, wie das Häuschen im Volksmund hieß, immer mehr. Die Verwaltungen des Kreises Ahrweiler und der Stadt erachteten das Häuschen jedoch als erhaltenswert und engagierten Handwerker für die Restauration. Private Initiativen kümmerten sich um die Sanierung des Dachs. Repariert wurde auch das gusseiserne Geländer, das aus der berühmten Sayner Hütte in Bendorf stammt. Die Liebe zum Häuschen war in den 1980er Jahren groß. Mancher nannte es »ein Stückchen Toskana an der Ahr« und plante dort gar einen Weinausschank. Dazu kam es jedoch nie. Aber das Häuschen macht auch ohne Gastronomie etwas her.

Adresse Landskroner Straße, 53474 Heppingen | **ÖPNV** Ahrtalbahn, Haltestelle Heimersheim, von dort 5 Minuten zu Fuß entlang der B 266 in Richtung Lohrsdorf | **Anfahrt** von Bad Neuenahr kommend über die Landskroner Straße, Weinberghäuschen zwischen Heimersheim und Lohrsdorf | **Tipp** Ganz in der Nähe liegt das Heppinger Bürgerhaus. Dort finden viele Veranstaltungen statt – und früher gab es sogar echte Schaumpartys für die Dorfjugend.

65 Der Bunker im Fels

Ein Schutzgewölbe Marke Eigenbau

Der Zweite Weltkrieg ging nicht spurlos an der Ahrregion vorüber. Nahe dem heutigen Ahrbrück gab es einen großen Luftwaffenübungsplatz, bei Marienthal wurden die Bodenanlagen der »Vergeltungswaffe 2« gefertigt, und im Osten des Kreises Ahrweiler befand sich mit der Brücke von Remagen ein Bauwerk, das für den Kriegsverlauf von entscheidender Bedeutung war. Während die Bevölkerung zunehmend Not litt, investierte das Hitler-Regime besonders in den späten Kriegsjahren eher in die Waffenproduktion als in den Zivilschutz. Die Zahl der Luftschutzbunker war längst nicht ausreichend, und das machte die geplagte Bevölkerung erfinderisch. Zum Beispiel in Dümpelfeld. In der Umgebung des Ortes wurden gleich drei Zufluchtsstätten aus dem schroffen Berg gesprengt und gehauen. Einer dieser Behelfsbunker liegt unmittelbar am Fahrradweg der Ahr, in der Nähe der Teufelsley, einer bekannten Felsformation.

Ein weiterer Bunker steht im nahe gelegenen Hönningen. Errichtet wurde er 1944 von den Bewohnern der Häuser rund um die St.-Hubertus-Kapelle. Mit Hilfe von Sechskantmeißeln und kleinen Dynamitsprengungen begann man, Stein für Stein abzutragen. Doch die Hönninger Männer, unter anderem »Klompemächesch Pitter« und »Blefferts Johann«, mussten irgendwann feststellen, dass sie es allein nicht schaffen konnten. Deshalb holten sie einen Sprengmeister aus Ahrbrück herbei, um das Werk zu vollenden. Bezahlt wurde der Mann mangels finanzieller Mittel mit Schnaps, Eiern und Butter. Der Felsenbunker Marke Eigenbau erfüllte seinen Zweck: Zahlreiche Familien fanden dort Schutz vor drohenden Bombenangriffen.

Nach dem Krieg wurde das Loch im Fels von den Kindern als Spielplatz genutzt, und auch heute können Wanderer gefahrlos einige Meter ins Innere klettern. Sie sollten nur Rücksicht auf die Fledermäuse nehmen, die hier ein Refugium gefunden haben.

Adresse Ahr-Radweg Richtung Liers, 53506 Hönningen | Anfahrt von der B 257 zunächst in die Hauptstraße, dann in die Kapellenstraße abbiegen, dort parken und zu Fuß zum Bunker | Tipp Sehenswert ist in Hönningen auch die St.-Hubertus-Kapelle, deren Glocke vor fast 400 Jahren gegossen wurde.

66_Das Goldloch

Rotes Metall und goldene Münzen

Es war eine tiefschwarze Nacht in schweren Zeiten. Der Dreißigjährige Krieg überzog das Land mit Leid und Tod. Schwedische Soldaten waren bereits bis ins heutige Reifferscheid vorgerückt. Dies schürte die Angst bei einem Bauern, der sein Land dort bestellte, wo heute das Dorf Insul liegt. Der Mann versteckte ein Säckchen mit Goldmünzen in einem Bergbaustollen unweit des Ortes. Seine Hoffnung lag wohl darin, das Gold abholen zu können, sobald sich die Lage wieder beruhigt hätte. Doch der Bauer kehrte nie wieder zu seinem Versteck zurück.

So will es zumindest die Legende. Und sie passt gut als Hintergrundgeschichte zu dem, was sich 1909 ereignete. Denn in diesem Jahr entdeckten einige italienische Arbeiter beim Bau der Eisenbahnstrecke Dümpelfeld–Lissendorf/Eifel zu ihrer großen Überraschung die wertvollen Münzen. Darüber berichtete sogar die »Coblenzer Zeitung«, und die Journalisten mutmaßten, dass der Fund nur einer von vielen sein könnte. Denn die Höhle, das Goldloch, hieß ja schon immer so. Golderz fand man hier jedoch nie, es waren die versteckten Münzen, die zum vielsagenden Namen führten. Allerdings wurde hier einst unter extremer Anstrengung Kupfer geschürft, und das schon zu Zeiten des Bauern aus der Legende. Bis in die 1940er Jahre wurde in Insul Bergbau betrieben. Wenn auch in überschaubarem Maße, denn lediglich vier Kumpel waren dort beschäftigt. Immerhin gründeten sie sogar eine kleine Gewerkschaft namens »Brunhilde«.

Heute ist das Goldloch ein kleines Outdoor-Bergbau-Museum. Nachdem die Stollen in Kooperation mit Bergbau-Experten auf ihre Sicherheit überprüft worden waren, wurde es im Jahr 2015 auf Initiative des Gemeinderates Insul eröffnet. 2017 kam eine kleine Hütte mit zahlreichen Informationstafeln zum Goldloch hinzu. Auch eine typische Lore erinnert an die Zeit, als Insul noch ein Bergbauort war, und einige Bänke laden zum Rasten ein.

Adresse Ahr-Radweg Richtung Schuld, 53520 Insul | Anfahrt über die L 73 auf die L 25, Goldloch am Fahrradweg bei Insul, diesem circa 200 Meter Richtung Schuld folgen, nur zu Fuß zu erreichen | Tipp In der Brückenstraße 4 in Insul steht der alte Zehnthof, ein Fachwerkgebäude aus dem Jahr 1616.

67_Das Spardosenfeld

SB-Service für Blumen und Gemüse

Wer – zumindest im Frühjahr, Sommer und Herbst – die Landesstraße 83 bei Karweiler passiert, dem fällt in der Regel ein buntes Feld im Kreuzungsbereich der Weierstraße ins Auge. Auf dem zweigeteilten Acker erstreckt sich links ein buntes Blumenmeer, rechts gedeihen Gemüsesorten wie Strauchbohnen und Kohlrabi, Salate und viele verschiedene Kräuter. Im Zentrum dieser zunächst ungewöhnlichen Mischung steht, einem primitiven Empfangstresen gleich, eine auf einem alten Fass angebrachte Sammeldose aus massivem Metall. Wer hier an eine alternative Sparmethode des Landwirts denkt, sieht sich jedoch getäuscht. »Kasse«, prangt dort in großen Lettern über der vermeintlichen Spardose, denn das von der direkt nebenan wohnenden Familie Jöntgen bewirtschaftete Feld ist ein großer Freiland-Selbstbedienungsservice für frische Blumen und Gemüse.

Eine aufgestellte Tafel informiert über die erschwinglichen Preise. Auch Salatköpfe sind günstig zu haben, und die Kosten für nach eigenem Gusto zusammengestellte Blumensträuße richten sich nach deren Größe. Da der Kunde selbst ernten und abschneiden muss, liegen Messer und Scheren bereit. Den zu zahlenden Betrag wirft man in die Dose, wer das Geld nicht passend hat, rundet meist großzügig auf. Das Ganze basiert natürlich auf gegenseitigem Vertrauen. Blumen- und Gemüsepreller sollen zwar schon beobachtet worden sein, sind aber die absolute Ausnahme.

Das Spardosenfeld wird nicht nur von zahlreichen Stammkunden überaus rege frequentiert, sondern auch von vielen Ahrtal-Ausflüglern. Ob ein Kopfsalat fürs Abendessen oder noch schnell ein Blumenstrauß für die bessere Hälfte – der Jöntgen'sche SB-Service erspart den Weg zum Supermarkt. Da auf dem Spardosenfeld keinerlei Chemie zum Einsatz kommt, schmecken die selbst geernteten Bio-Naturprodukte außerdem noch mal so gut. So ist der besondere Acker ein Vorzeigeprojekt in Sachen Nachhaltigkeit.

Adresse Weierstraße, 53501 Karweiler | **Anfahrt** Nebenstraße der L 39, Parkmöglichkeiten vor dem Feld auf einem Wiesenstreifen | **Tipp** Schräg gegenüber vom Spardosenfeld befindet sich am Birnen-Rundwanderweg die vom Designer Elmar Zillgen gestaltete »Z-Bank« mit schöner Aussicht auf Bad Neuenahr.

68 Der Speierling

Im Ahrtal eine Rarität

Der Speierling ist eine uralte Kulturpflanze, deren Heimat sich über das gesamte Mittelmeergebiet erstreckt: von Spanien über Italien und die Balkanhalbinsel bis nach Kleinasien und Südrussland. Bereits im 4. Jahrhundert vor Christus wurden in griechischen Schriften die gepflanzten von den wilden Bäumen unterschieden. Die Früchte des Speierlings wurden als Obst geschätzt und von den Römern sogar eingemacht. Keiner weiß, wann der Baum nach Deutschland kam. Fest steht, dass ein Anbau von Karl dem Großen um das Jahr 800 befohlen wurde, 820 wird er im Plan des Klosters St. Gallen aufgeführt. Dennoch: Eine große Bedeutung als Obstbaum blieb dem Speierling in Mitteleuropa versagt.

Das liegt sicherlich auch daran, dass seine Früchte sehr herb und nur im überreifen Zustand oder sogar erst nach Frost aus heutiger Sicht halbwegs genießbar sind. Im Rheingau und im Odenwald wurden sie aufgrund ihrer Gerbstoffe oftmals dem Apfelmost beigegeben, der dadurch kräftiger, klarer und haltbarer wurde. Das schwere, feste und zugleich elastische Holz des Speierlings war in früheren Zeiten bei Drechslern, Tischlern und Holzbildhauern überaus begehrt. In Kultur findet sich der Baum bei uns heute fast gar nicht mehr, dafür aber wild, vor allem in West-, Mittel- und Süddeutschland.

Im Ahrtal hingegen gilt der Speierling als absolute Rarität, umso schützenswerter ist das beeindruckende Exemplar, das in Karweiler am Wegesrand in Richtung »Bengener Heide« steht und sich auffallend von der restlichen Vegetation abhebt. Als Naturdenkmal ausgewiesen, findet sich dort auch eine kleine Tafel mit Informationen über den »Sorbus domestica«. Auf dem Hochplateau über Bad Neuenahr kann man den Blick sowohl über das Ahrtal als auch über die Grafschaft und das Siebengebirge schweifen lassen, bevor es dann etwas waldiger wird. Der Speierling trotzt hier – flankiert von kleineren Bäumen und Sräuchern – den Zeiten.

Adresse (verlängerter) Heideweg, 53501 Karweiler | **ÖPNV** Ahrtalbahn, Haltestelle Ahrweiler oder Bad Neuenahr, von dort DB RegioBus nutzen | **Anfahrt** von der L 83 auf die Bengener Straße, dann auf die Lantershofener Straße und auf den Heideweg abbiegen, über die Autobahnbrücke auf den Feldweg, von dort circa 200 Meter zu Fuß | **Tipp** Wer auf dem Weg zum Speierling einfach weitergeht, gelangt nach wenigen hundert Metern zur Karweiler Marienkapelle, die an die Zeit des Dreißigjährigen Krieges erinnert.

69__Das Deutsche Eck

Die Kreuzung am Mittelalter-Highway

Deutsches Eck – da denkt jeder natürlich zuallererst an die Stelle in Koblenz, wo Rhein und Mosel zusammenfließen. Doch auch das Ahrtal hat ein Deutsches Eck zu bieten, allerdings ohne Flüsse, und auch ein Kaiser-Wilhelm-Denkmal sucht man weit und breit vergebens. Immerhin findet sich beim Eck nahe Kirchdaun eine große Straßenkreuzung, die Kirchdaun mit Bengen, Nierendorf und Gimmigen verbindet. Das mitten im Nirgendwo stehende Buswartehäuschen verwittert im hässlichen 1970er-Jahre-Holzbaustil vor sich hin, und auch der gegenüberliegende Heiligenbildstock wirkt irgendwie verloren. Nur eine Infotafel verrät, dass hier zwischen dem Ahrtal und den Hügeln der Grafschaft einst ein bedeutender Verkehrs-Hotspot lag.

Inmitten von Wäldern, Wiesen und Feldern verlief mit der sogenannten Aachen-Frankfurter-Heerstraße so etwas wie ein mittelalterlicher Highway, von dem ein Teilstück auch durch das Ahrgebiet führte. Ob Kriegshorden, Könige auf dem Weg zur Krönung, Pilger, Händler oder Wegelagerer und Räuber aller Art – alles reiste über die »AFH«. Zumindest im Sommer, denn im Winter war das nicht befestigte Geläuf mit seinen tiefen Wagenspuren praktisch unpassierbar.

Gesäumt wurde die Aachen-Frankfurter-Heerstraße von etlichen Burgen – auch die nahe Ruine Landskrone entstand unter anderem, um die Route im Blick zu haben und bei Bedarf Wegzölle erheben zu können. Bis heute sind rund um das Deutsche Eck sowohl in Richtung Kirchdaun als auch in Richtung Nierendorf Taleinschnitte des alten Verkehrsweges deutlich sichtbar. Für nähere Erkundungen gibt es mehrere Wanderwege entlang der Aachen-Frankfurter-Heerstraße, die gut ausgeschildert und dokumentiert sind. Am Deutschen Eck kreuzten sich also schon immer die Wege, und vielleicht hat sogar schon Karl der Große auf der Reise in seine Aachener Lieblingspfalz kurz hinter Kirchdaun eine Rast eingelegt.

Adresse Kreuzung L 80/Scheidskopfstraße, 53474 Kirchdaun | **ÖPNV** DB RegioBus, Haltestelle Deutsches Eck | **Anfahrt** von der L 80 kommend direkt zur Kreuzung mit dem Deutschen Eck | **Tipp** Unweit vom »Deutschen Eck« bietet der zu Nierendorf gehörende »Karlshof« (Römerstraße/Karlshof) frische Eier, saisonale Produkte und Landwirtschaft zum Anfassen.

70_Das Käskömpche

Käse-Leidenschaft im Sackgassendorf

Viele Besucher der Ahr sind der festen Überzeugung, dass sich das Leben dort vor allem zwischen Altenahr und Heimersheim abspielt. Und ja: Da finden die rauschenden Weinfeste statt, und die Szenerie ist bestimmt von schroffen Felsen und grünen Wingerten. Doch auch auf den Hügeln drum herum gibt es so manche interessante Eigenart und etliche urige Dörfchen zu entdecken. Eines davon heißt Koisdorf und ist ein Stadtteil von Sinzig. Das Spezielle an Koisdorf erschließt sich einem, wenn man durch den Ort fahren möchte. Das geht nämlich nicht, denn Koisdorf ist ein Sackgassendorf. Es gibt somit nur einen Eingang, der auch gleichzeitig der Ausgang ist. Aber wer schon einmal dort ist, kann gleich die liebenswerten Besonderheiten des Höhenortes, wie Koisdorf im Volksmund mit einem Augenzwinkern genannt wird, erkunden.

Etwas eigenartig mutet auch die Bezeichnung der Einwohner an. Die heißen hier »Käskömpche« und komplettieren somit die lange Reihe kreativer Spottnamen im Kreis Ahrweiler, darunter »Kning« (Kaninchen, Rech) oder »Murre« (Möhren, Westum). »Käskömpche« heißt so viel wie »Käseschüsselchen«, und der Name ist einer offenkundigen Leidenschaft für Käse beziehungsweise der rheinischen Spezialität »Klatschkäse«, einem besonders gewürzten Quark, geschuldet.

Stolz ist man darauf, und zwar so sehr, dass im Jahr 2008 mit dem »Koisdorfer Käskömpche« eine Skulptur mitten im Ort feierlich enthüllt wurde. Sie zeigt eine Figur mit dem namensgebenden »Kömpche«. Geschaffen wurde das Werk von dem Obermendiger Künstler Dieter Heuft, es besteht aus Tuffstein aus der Vulkaneifel. Wer den Namen für die Koisdorfer etwas arg speziell findet, sollte sein Mitleid besser für die Bad Neuenahrer aufbewahren. Die Einwohner der Kurstadt wurden von manchem Zeitgenossen ob ihrer angeblich hochnäsigen Art in früheren Zeiten ab und an »Huuhsicker«, was in etwa »Hoch-Pinkler« bedeutet, genannt.

Adresse Ecke Ahrenthaler Straße / Neue Straße, 53489 Sinzig-Koisdorf | **ÖPNV** Ahrtalbahn, Haltestelle Sinzig, von dort weiter mit Bus 850, Haltestelle Koisdorf Eifelstraße | **Anfahrt** ab Sinzig Bahnhof über die Barbarossastraße und die Wallstraße auf die Koisdorfer Straße | **Tipp** Am Ortseingang von Koisdorf befindet sich auf der linken Seite die sehenswerte Mariengrotte.

71 Das Bahnbetriebswerk

Die Züge sind längst abgefahren

Nein, Eisenbahnromantik hat das um 1918 erbaute Bahnbetriebswerk Kreuzberg nicht zu bieten. Ob bei den zahlreichen hier gefeierten Partys ebenjene Romantik aufkam, ist nicht überliefert. Anziehend wirkt die Werksruine auf ambitionierte Fotografen, die in ihrem Inneren und der umgebenden Natur jede Menge Motive finden. Was heute mehr und mehr von der Vegetation erobert wird, war einst ein Synonym für die verkehrsmäßige Erschließung des Ahrtals durch die Eisenbahn. Denn dem Dampfross verdankte die eher abgelegene Gegend ihre ersten Touristen.

Freilich, die Errichtung der Bahnlinie hatte auch militärische Gründe, konnte sie doch zum Transport von Soldaten und Waffen gen Westen genutzt werden. Auf die im Betriebswerk installierte Bahn-Drehscheibe mit einem Durchmesser von gut 20 Metern passten die größten Lokomotiven, die im frühen 20. Jahrhundert unterwegs waren. Mit bis zu 14 Gleisen nebeneinander war die Einrichtung auf regen Bahnverkehr ausgelegt, zu dem es jedoch nie kam – zumindest nicht in Kreuzberg.

Trotzdem spielte die Eisenbahn dank Ahrtalbahn und Betriebswerk lange eine wichtige Rolle im Dorf. Selbst der örtliche Sportverein erhielt den Namen »Eisenbahner Sportverein Kreuzberg 1927 e. V.«. Als das Bahnbetriebswerk 1987 endgültig geschlossen wurde, war von den einst mehr als 100 Beschäftigten nur noch ein einziger Mitarbeiter übrig geblieben.

Wie viele andere Lost Places hat auch das Bahnbetriebswerk häufig ungebetenen Besuch von Vandalen, die leider erhebliche Beschädigungen verursachen. Der Zahn der Zeit nagt beständig an dem Gebäude. Dennoch: Auch wenn einiges an Imaginationskraft notwendig ist, um sich die mächtige Drehscheibe oder eine Dampflok in Aktion vorzustellen – die Verbandsgemeinde Altenahr weist das unter Denkmalschutz stehende Bahnbetriebswerk und dessen Fläche bis heute als »Eisenbahngelände« aus.

Adresse Bahnhofstraße, 53505 Altenahr-Kreuzberg | ÖPNV Ahrtalbahn oder Ersatzverkehr, Haltestelle Kreuzberg | Anfahrt von der B 257 in die Bahnhofstraße abbiegen und ihr circa 350 Meter folgen | Tipp In Kreuzberg befindet sich auch die Burg Kreuzberg, der Stammsitz der Familie von Boeselager. Ihre Kapelle kann jederzeit besichtigt werden.

72 Der Naschgarten

Kakis und Kiwis aus Kreuzberg

Nur kurze Zeit nach der Flutkatastrophe des Sommers 2021 wurde den Bewohnern und den Behörden klar, dass es keinen Wiederaufbau im eigentlichen Wortsinne geben dürfe. Ein Neuaufbau sollte es sein, und vieles sollte zukünftig im Tal besser werden, zum Beispiel die Infrastruktur. Diesem Wunsch steht eine unausweichliche Tatsache gegenüber: Dieser Aufbau wird kein Sprint, sondern ein Marathon. Dass angesichts einer solchen Zerstörung alles seine Zeit braucht, ist klar. Umso schöner ist es jedoch, wenn es in kleinen Schritten sichtbar weitergeht.

Ein großartiges Projekt, das bereits umgesetzt wurde, ist der Naschgarten in Kreuzberg. Am Dorfplatz (»Am Brunnen«) sollen künftig allerlei fruchtige Leckereien gedeihen. Erdbeeren, Kiwis, Kakis, Maulbeeren, Himbeeren wachsen an dem Ort, an dem nach der Flut in erster Linie schweres Arbeitsgerät gelagert wurde. Zugreifen und Probieren ist ausdrücklich erlaubt, denn der Naschgarten ist für alle da, Kreuzberger wie Besucher. Nicht nur lecker sollen die angebauten Obstsorten und Beeren sein, sondern auch optisch ansprechend. Deshalb bieten eine üppige und ansprechende Blumenbepflanzung und ein Hochbeet zusätzlichen Augenschmaus.

Die Idee für den Naschgarten brachten die Landfrauen des Kreises Ahrweiler gemeinsam mit Ortsvorsteherin Anke Hupperich ein. Der Verband agiert deutschlandweit und kümmert sich unter anderem um die Belange der »Bäuerinnen«. Da dieser Berufsstand eher selten geworden ist, dürfen alle Damen mitmachen, die sich dem Konzept verbunden fühlen und die rechtliche, soziale und wirtschaftliche Stellung der Frau verbessern wollen. Für den Naschgarten holten sich die heimatkundigen Frauen Verstärkung in Person von Heike Boomgarden, einer aus dem Fernsehen bekannten Gartenexpertin, die schon einige Projekte an der Ahr realisiert hat, ins Boot, und auch ein Fachmann einer Baumschule packte mit an.

Adresse Am Brunnen, 53505 Altenahr-Kreuzberg | **ÖPNV** Ahrtalbahn oder Ersatzverkehr, Haltestelle Kreuzberg | **Anfahrt** B 267, dann auf die L 76, anschließend auf die Straße Am Brunnen | **Tipp** In Kreuzberg ist ein Flutmuseum entstanden, das viele Exponate bereithält.

73 Das Hochwassertor

Mit Stahl und Beton gegen die Fluten

Auch wenn die furchtbare Flutkatastrophe des Sommers 2021 das Ahrgebiet überregional bekannt machte, war das Thema Hochwasser hier schon immer präsent. Die Ahrregion wurde auch in der Vergangenheit immer wieder von verheerenden Hochwassern heimgesucht. Schon 1488 ist in Ratsprotokollen der Stadt Ahrweiler von einem starken Hochwasser die Rede, 1582 ruinierten die Fluten die Neuenahrer Mühle, 1687 zwei Brücken in Ahrweiler. Allein zwischen 1348 und 1962 sind im Gebiet des heutigen Kreises Ahrweiler insgesamt 84 Hochwasser-Ereignisse dokumentiert. Auch nach 1962 gab es noch einige zum Teil schwere Überschwemmungen, so beispielsweise 2016, die mit ganz erheblichen Zerstörungen einhergingen. Und dann, im Juli 2021, verwüstete eine Flut niemals dagewesenen Ausmaßes das Ahrtal: 134 Menschen starben in der schicksalhaften Nacht vom 14. auf den 15. Juli. Seither wird besonders über die Frage debattiert, wie das Tal besser geschützt werden kann.

Hochwassergefährdet ist auch Kripp. Das liegt vor allem am nahen Rhein, aber auch an der nur wenige hundert Meter entfernten Ahrmündung bei Sinzig in den Rhein. In Kripp hat man im Laufe der Zeit reichlich Erfahrung gesammelt. Dabei verlassen sich die Kripper mit der Hochwassernotkapelle nicht nur auf den Beistand von oben, sondern haben mit einer ausgeklügelten Stahl-Beton-Konstruktion auch für praktischen Schutz vor dem Wasser gesorgt. So entstand im Bereich Badenacker neben einer Hochwasserschutzwand mit herunterklappbaren »Einlagen« auch ein imposantes Schutztor, das bei Bedarf geschlossen werden kann. Das alles erinnert ein wenig an den »Deich« im schräg gegenüberliegenden Neuwied, der die Stadt seit 1931 effektiv vor Hochwasserschäden bewahrt. Im Normalfall lässt sich das Hochwassertor bequem zu Fuß oder mit dem Rad durchqueren, der Weg führt dann landschaftlich reizvoll über die sehenswerte Ahrmündung am Rhein entlang.

Adresse Badenacker, 53424 Remagen-Kripp | ÖPNV Ahrtalbahn, Haltestelle Remagen, von dort 45 Minuten zu Fuß | Anfahrt über die B 266 (Quellenstraße), kurz vor der Kurve zur Rheinfähre in Badenacker einbiegen, etwa 80 Meter zum Tor | Tipp Passend zum Thema befindet sich in der Quellenstraße die 1849 eingesegnete Kripper Hochwassernotkapelle.

74 Das Mausoleum

Vom geplanten Ruheplatz zur Gedenkstätte

Das beschauliche Kripp war einst sogar der Wohnsitz von italienischen Adeligen. Der Graf Gioacchino-Napoleone Taveggi fühlte sich hier zwischen Rhein und Ahr offensichtlich so wohl, dass er auch seine letzte Ruhestätte in Kripp finden wollte. Deshalb ließ er bereits 1906 nach Plänen des Aachener Architekten Karl Schmitz auf dem Kripper Friedhof ein stattliches Mausoleum im Jugendstil errichten, um nach dem Ableben in der eigenen Gruft die ewige Ruhe antreten zu können. In Erfüllung ging der letzte Wunsch des Grafen, übrigens ein Schwiegersohn des amerikanischen Millionärs und Kripper Lederfabrikanten Heytemeyer, nicht. Er starb 1939 während eines Aufenthaltes in Italien und wurde in Mailand beigesetzt. Das gleiche Schicksal ereilte später auch seine Ehefrau. Die gräflichen Kinder verzichteten auf das Mausoleum, das so in den Besitz der Stadt Remagen kam.

Den Krippern war die »Immobilie« auf dem Friedhof ganz recht. Bis im Mai 1994 die neue Friedhofskapelle samt Aufbahrungsmöglichkeit errichtet war, nutzte man das Mausoleum als Leichenhalle. Das Mausoleum besteht aus einem Untergeschoss mit sechs bis heute leeren Grabkammern und einem achteckigen oberirdischen Baukörper mit Tuffsteinverblendung. Gekrönt wird das Ganze von einer geschieferten Kuppel. Die groß herausstechende Inschrift »Pax in Aeternitate« bedeutet »Friede in Ewigkeit«.

Nach einer umfassenden Renovierung wurde das Gebäude später zur Gedenkstätte für die Opfer des schweren Luftangriffs englischer Bomber am 9. Februar 1945, dem vor allem durch einen Volltreffer auf das Fährschiff »Franziska« insgesamt 16 Menschen zum Opfer gefallen waren. Ihre Namen sind auf einer Gedenktafel im Mausoleum eingraviert. Die Toten wurden in Eigengräbern, aber auch in einem Massengrab auf dem Kripper Friedhof beerdigt. Gemeinsam mit der Gedenkstätte mahnen sie heute zum Frieden – eine Botschaft, die heute nicht aktueller sein könnte.

Adresse Friedhof Kripp, Quellenstraße, 53424 Remagen-Kripp | ÖPNV Ahrtalbahn, Haltestelle Remagen, von dort circa 45 Minuten zu Fuß | Anfahrt von der B 9 auf die B 266, vom Verteilerkreisel kommend Friedhof auf der rechten Seite der Quellenstraße, nicht weit vom Kripper Ortseingang | Tipp Am Kripper Rheinufer befindet sich eine sehenswerte Skulptur von Johannes Brus, die zwei Pferde sowie ein kleines Schiff zeigt. Sie erinnert an die Zeit der Treidelschifffahrt, bei der Schiffe mit Pferden vom Ufer aus gezogen wurden. Einige Kripper Bürger verdienten sich so ihren Lebensunterhalt.

75 Das fliegende Dach

Von »cool« bis »total hässlich«

Dem berühmten Rotweinwanderweg Konkurrenz machen? Das klingt fast schon wie eine Beleidigung. Das hielt die engagierten Mitglieder des Fördervereins »Zukunft Lantershofen« und ihren Vorsitzenden Leo Mattuscheck jedoch nicht davon ab, genau das zu tun. In direkter Nähe der landesweit bekannten und beliebten Strecke legte man, in Anlehnung an das Lantershofener »Nationalobst«, einen Birnen-Rundwanderweg an, der neben einem Birnensortengarten, dem Bienenlehrpfad »Bienenlant«, herrlichen Ausblicken und einer »spirituellen Tankstelle« auch ein fliegendes Dach zu bieten hat. Der im Mai 2015 seiner Bestimmung übergebene Weg ist seither bei vielen Wanderfreunden überaus beliebt, denn auch weniger Geübte kommen hier dank des niedrigen Schwierigkeitsgrads flott voran. Und für ambitioniertere Läufer gibt es die Möglichkeit, gleich darauf den andockenden Rotweinwanderweg in Angriff zu nehmen, der ebenfalls ein ansprechendes Panorama bietet.

Die sicherlich markanteste Installation am Birnen-Rundwanderweg ist das bereits erwähnte fliegende Dach. Auf einer kleinen Anhöhe oberhalb von Lantershofen und unweit von Ahrweiler gelegen, kann man von der futuristisch anmutenden Holz-Metall-Konstruktion den Blick weit über die Felder und Weinberge schweifen lassen.

Bei Regen ist das fliegende Dach samt Sitzgelegenheiten ein äußerst willkommener Unterstand und auch ein idealer Ort für eine Wanderpause inklusive Picknick. Warum das von dem Architekten Hans-Jürgen Mertens gestaltete Dach das Attribut »fliegend« erhielt, ist leider nicht überliefert. Vielleicht weil seine Form ein wenig an einen Flügel erinnert. Bei den Wanderern sorgt die Konstruktion jedenfalls nicht selten für Diskussionen. Wie auch andere Kunstobjekte entlang des Birnen-Rundwanderwegs polarisiert das Dach ziemlich. Die Meinungen reichen von »cooles Design« bis zu »total hässlich«.

Adresse 53501 Lantershofen | Anfahrt zu Fuß über die Schmittstraße in Lantershofen, bis zur Einmündung in einen Feldweg, von dort circa 500 Meter; alternativ über die Elligstraße in Ahrweiler, ab dort zu Fuß, jedoch steiler Anstieg | Tipp Direkt neben dem fliegenden Dach steht eine alte Eisenbahnbrücke samt Bahndamm, die Teil der »unvollendeten Bahnstrecke« Liblar–Rech ist.

76 Der Winzerverein

Bürger, Junggesellen und Brötchesmädchen

Der 1.500-Seelen-Ort Lantershofen hält auch heutzutage viele seiner Traditionen lebendig. Besonders umtriebig ist die Junggesellen-Schützen-Gesellschaft »St. Lambertus«. Wer dem Junggesellenstand entwachsen ist, findet in der Bürgervereinigung Lantershofen ein Zuhause, denn diese hat sich per Satzung vor allem der Förderung der Junggesellen-Schützen verschrieben.

Einzigartig, aber ein Stück weit auch kurios sind die höchsten Festtage des »Birnendorfes«: das stets im September veranstaltete Schützenfest und die eine Woche später stattfindende Kirmes. Während dieser Tage sind die Mitglieder der Bürgervereinigung und die Junggesellen-Schützen optisch omnipräsent: die »Bürger« durch ihre schwarzen Anzüge samt grauer Krawatten und Zylinder, die Junggesellen durch grün-weiße Uniformen. So gewandet wird während der Kirmes unter anderem zweimal stolz im Ortszentrum paradiert.

Ein weiteres Kirmes-Highlight ist der Festkommers am Montagmorgen. Eine reine Männersache, sind dazu doch nur die – ausschließlich männlichen – Mitglieder der Bürgervereinigung, die Junggesellen-Schützen sowie Ehrengäste geladen. Aber es gibt eine Ausnahme: die Brötchesmädchen! In ihrer »Uniform«, die aus einem schwarzen Rock mit weißer Bluse besteht, kümmern sie sich darum, dass die Gäste stets mit Wein, Wasser und – nomen est omen – belegten Brötchen versorgt werden. Da wundert es nicht, dass Brötchesmädchen, Bürger und Junggesellen-Schützen in ihrem typischen Erscheinungsbild vor dem Winzerverein als Kunstskulpturen stehen, flankiert von Weinreben, denn Lantershofen ist dank einiger fleißiger Nebenerwerbswinzer auch ein Weinbauort. Der Winzerverein ist somit zentraler Mittelpunkt des Brauchtums in Lantershofen – und gleichzeitig die gute Stube des Ortes. Heute finden hier auch Konzerte statt, die Bewirtung wird von den Dorfvereinen übernommen.

Adresse Winzerstraße 16, 53501 Lantershofen, www.kulturlant.de, www.winzerverein-lantershofen.de | **Anfahrt** am einfachsten über Bad Neuenahr, auf der L 83 Richtung Grafschaft nach Lantershofen, dort dritte Straße links | **Öffnungszeiten** Fr ab 19 Uhr, Termine siehe Websites | **Tipp** Mit dem überdiözesanen »Studienhaus St. Lambert« in der Graf-Blankard-Straße 12–22 befindet sich in Lantershofen das deutschlandweit einzige Priesterseminar für Spätberufene.

77 Der Alte Torbogen

Ein Durchgang ohne Mauer

In Ahrweiler sind gleich vier erhalten, und in Heimersheim und im Sinziger Stadtteil Löhndorf existiert auch noch je eines. Die Rede ist von Toren und Eingangsbögen, die den Ahrtal-Orten ihren mittelalterlichen Charme verleihen. Das Löhndorfer Portal steht jedoch im Gegensatz zu den anderen recht einsam auf weiter Flur, denn eine Stadtmauer sucht man hier vergebens. 1753, dem Jahr der Errichtung des Bogens, wollten die Menschen, die dieses Tor passierten, zum Bassenheimer Hof, der auch schlicht »Zehnthof« genannt wurde. Dort lieferten die Bauern damals einen Teil ihrer erwirtschafteten Feldfrüchte als Steuer an die Obrigkeit ab.

Das Tor aus Bruchstein ist *das* Wahrzeichen des Dorfes. Nachdem es die Stadt Sinzig mit dem dazugehörigen Grundstück erworben hatte, wurde es mit Unterstützung der Dorfgemeinschaft renoviert. In das Mauerwerk wurde eine Figur der heiligen Elisabeth eingebracht. Sie stammt von dem Löhndorfer Bildhauer und Steinmetz Titus Reinarz, der die Sinziger Stadtteile mit einigen Kunstwerken bereicherte. Optisch sowie handwerklich ist die Figur nicht mit den sonst recht standardisierten Darstellungen vergleichbar, sie trägt deutlich die Handschrift des Künstlers. Unter der Statue ist das Errichtungsjahr eingraviert.

Auch wenn hinter dem Torbogen heute Häuser mit Eigentumswohnungen statt eines historischen Zehnthofes liegen, gewährt er durch die Gestaltung der Anlage im Innenhof und die sehenswerten Fassaden noch immer einen kleinen Einblick in die Zeit des Mittelalters. Dass die Löhndorfer ihren Torbogen schätzen, zeigt sich auch an der liebevollen Pflege, die ihm zuteilwird. Erst 2019 wurde das Schieferdach des Torbogens komplett neu eingedeckt. Direkt daneben befindet sich ein kleiner Rosengarten mit einer kunstvoll verzierten Stele, die die Schöpfungsgeschichte mit Adam und Eva zeigt. Sie wurde ebenfalls von Titus Reinarz geschaffen, dessen Werke den Stadtteil bis heute prägen.

Adresse Ecke Orsbeckstraße/Nordstraße, 53489 Löhndorf | **Anfahrt** am besten von Ehlingen aus, der L 2281 folgen, führt am Ort vorbei und nach Sinzig | **Tipp** Löhndorf ist eines der wenigen »Rosendörfer« Deutschlands. Zur Blütezeit kann man überall im Ort Rosen unterschiedlichster Arten in allen Farben bewundern.

78 Der Quarzquader

Mit der Bremsbergbahn zu Tale

Lohrsdorf ist den meisten Einheimischen und Auswärtigen leider nur als »Durchfahrtsort« bekannt. Kein Wunder, denn praktisch alle, die von Bad Neuenahr-Ahrweiler kommend das Ahrtal in Richtung Sinzig/Remagen durchqueren, passieren das 580-Einwohner-Dorf, zu dem auch der Ortsteil Green gehört. Wenn es ums Durchfahren geht, wird auch gleich das größte, seit Jahrzehnten bestehende Lohrsdorfer Problem benannt. Tagtäglich wälzt sich eine enorme Blechlawine aus Pkws und Lkws über die zentrale B 266, was für Anwohner und Fußgänger nicht nur Staub, Dreck und Lärm, sondern auch manch gefährliche Situation bedeutet. Seit einer gefühlten Ewigkeit kämpfen die Lohrsdorfer daher für eine Umgehungsstraße. Mit der Aufnahme in den Bundesverkehrswegeplan kam vor einiger Zeit etwas Hoffnung auf, jedoch kann bis zur finalen Umsetzung noch locker eine Dekade verstreichen. Es steht außer Frage, dass Lohrsdorf viel mehr zu bieten hat und hatte als nur den starken Verkehr. Und vieles, was den von Ahr, Feldern und Weinbergen umsäumten Ort ausmacht(e), ist zum Teil weitgehend unbekannt.

So war man beispielsweise im späten 19. Jahrhundert ein Zentrum des rheinischen Quarzabbaus. 1872 wurde im Waldstück »Auf Koppen« ein Quarzsteinbruch erschlossen und zunächst an Ferdinand Frings, den Inhaber der Sinziger Mosaik-Platten-Fabrik, und ab 1888 an den Elberfelder Unternehmer Bernhard Josten verpachtet. Im selben Jahr wurde am »Koppen« sogar eine Bremsbergbahn zum Abtransport des Gesteins ins Tal erbaut – durch Weinberge bis hin zur heutigen B 266. Von dort schaffte man den Quarz mit Pferdefuhrwerken oder mit der Eisenbahn weiter. 1921 erfolgte die Einstellung des Betriebs.

Heute erinnern ein großer Quarzbrocken – original aus dem Lohrsdorfer Steinbruch – sowie eine reich bebilderte Infotafel an der B 266 an die bergbauliche Vergangenheit des im Jahr 828 erstmals urkundlich erwähnten Ortes.

Adresse Sinziger Straße (B 266), direkt an der Fußgängerampel, 53474 Lohrsdorf | **ÖPNV** Ahrtalbahn, Haltestelle Heimersheim, von dort circa 15 Minuten zu Fuß | **Anfahrt** aus allen Richtungen über die B 266, Quader von Bad Neuenahr-Ahrweiler kommend auf der linken Seite | **Tipp** Oberhalb von Lohrsdorf kann beim »Golf- und Landclub Bad Neuenahr« auf einer gepflegten und überaus reizvollen Anlage Golf gespielt werden.

79 Der Basketballkorb

Fluthilfe von den LA Lakers

Die massiven Schäden der Flutkatastrophe im Juli 2021 sorgten weltweit für Bestürzung. Von überallher kamen Helfer an die Ahr, um Schlamm zu schippen und aufzuräumen, aber auch, um zu trösten. Wer nicht selbst in den verwüsteten Weinorten anpacken konnte, zeigte sich von zu Hause aus solidarisch. Tonnenweise wurden Sachspenden bereitgestellt und Millionen von Euro gespendet. All dies half den Menschen an der Ahr enorm weiter.

Doch es gab auch Spenden, die besonders herausstachen. So wie die der Los Angeles Lakers. Die Mitglieder des Basketball-Teams um Superstar LeBron James hörten von der Tragödie an der Ahr und wollten auch helfen. Gezielt wollten sie von der Flut betroffene Kinder unterstützen. Die Wahl fiel auf den Weinort Dernau, wo der Großteil der Häuser schwer beschädigt war. Wichtig war den Lakers dabei, dass dort der Sport gefördert wurde. So wurden zunächst 250.000 Euro für einen Containerkindergarten und einen Fitnessparcours lockergemacht. Aber das schönste Geschenk steht wohl auf dem Pausenhof der Schule St. Martin: Die Kids bekamen einen originalen Lakers-Basketballkorb, der nach einer kurzen Episode in Dernau auf das Gelände der Ausweichschule in Marienthal umzog.

Das war aber noch nicht alles. Knapp ein Jahr nach der Flut reiste eine Delegation der LA Lakers nach Dernau. Mit dabei war auch Basketballprofi Robert Horry, der vom Ausmaß der Zerstörung tief berührt war. Er hatte einst selbst mit ansehen müssen, wie sein Haus während eines Hochwassers in Houston im US-Bundesstaat Texas zerstört worden war. »Deswegen sind wir hier: Um euch zu unterstützen und euch zu zeigen, dass ihr nicht alleine seid!«, lauteten die bewegenden Worte des 2,08 Meter großen Hünen mit dem ebenfalls sehr großen Herzen. Auch eine Einladung auf ein paar Gläser von Dernaus leckerstem Wein in der Dagernova Eventhalle lehnte der sympathische Sportler nicht ab.

Adresse Klosterstraße, 53507 Marienthal | ÖPNV Ahrtalbahn oder Ersatzverkehr, Haltestelle Dernau | Anfahrt von der B 267 aus Richtung Bad Neuenahr-Ahrweiler kommend auf die Klosterstraße | Tipp Jedes Jahr findet im Sommer das beliebte Festival »Musik und Wein« in der Klosterruine statt.

80 Der Bunker

Ein Traum in Beton

Als man 1960 mit dem Bau des »Ausweichsitzes der Verfassungsorgane des Bundes im Krisen- und Verteidigungsfall zur Wahrung von deren Funktionstüchtigkeit« (AdVB) begann, entstand eine mehr als 17 Kilometer lange Bunkeranlage, die im Kriegsfall der Bundesregierung als Zufluchtsort dienen sollte – atombombensicher, versteht sich. Heute sind sich die Experten darüber einig, dass der als »Regierungsbunker« bekannte Mammutbau einem Atomschlag dennoch nicht standgehalten hätte.

Zum Ernstfall kam es zum Glück nie, auch wenn selbiger oft im und um den Bunker geprobt wurde. Stets gut bewacht von zur Verschwiegenheit verpflichteten Mitarbeitern, war der Bunker über Jahrzehnte hinweg das größte Geheimnis des Ahrtals. Dessen ungeachtet hat sich das Relikt des Kalten Krieges trotz Stilllegung und Rückbau im Ahrtal erhalten und ist heute der größte touristische Frequenzbringer der Region. Die »Dokumentationsstätte Regierungsbunker« auf dem Ahrweiler Silberberg stellt Jahr für Jahr neue Besucherrekorde auf und wurde schon mit zahlreichen Auszeichnungen bedacht.

Die gute Nachricht für alle Misanthropen und Individualisten: Wer die Wucht des Bunkers weitgehend ohne störende Mitmenschen in Augenschein nehmen möchte, muss nicht zwingend den Silberberg erklimmen. Etwas »Regierungsbunker light« gibt es auch in Marienthal, denn ein Stück oberhalb der dortigen Klosterruine samt Weingut und Gastronomie befindet sich das ehemalige Eingangsbauwerk Ost/West. Ein Traum in graugrünem Beton, vor dem zu Betriebszeiten stets uniformiertes Wachpersonal präsent war. Inzwischen haben Verfall und Vegetation zumindest teilweise das Ruder übernommen. Erste Risse zeigen sich an den Wänden, manches Gewächs rankt sich hoch – auch ein Bunker muss nicht für die Ewigkeit bestimmt sein. So präsentiert sich das frühere Hochsicherheitsgebäude jetzt als eine Mixtur aus landschaftlichem Fremdkörper und Lost Place.

Adresse Klosterstraße, 53474 Marienthal | ÖPNV Ahrtalbahn oder Ersatzverkehr, Haltestelle Walporzheim oder Dernau, von dort jeweils circa 45 Minuten zu Fuß | Anfahrt von Walporzheim über die Marienthaler Straße kommend rechts auf die Klosterstraße, Bunker nach rund 500 Metern rechts | Tipp In direkter Nähe befinden sich mit dem Weingut »Kloster Marienthal« und der Gedenkstätte »Lager Rebstock« gleich zwei überaus interessante Orte.

81__Die Klosterruine Marienthal

Eine Konzerthalle ohne Dach und Glasfenster

Es könnte kaum friedlicher sein. Im Innenhof der gotischen, von Efeu überwucherten Klosterkirche brennen in lauen Sommernächten Kerzen, ein seltener Vogel steckt neugierig seinen Schnabel durch die glaslosen Fenster, und von der Bühne erklingt Jazzmusik. Das, was vom Kloster Marienthal heute übrig ist, hat sich als Ahrtaler Kunst- und Kultur-Hotspot etabliert. Die Veranstaltungen sind fast immer ausverkauft, was an der einzigartigen Atmosphäre liegen dürfte. Da es kein Dach gibt, sitzt man wunderbar unter freiem Himmel und atmet die frische Luft des Ahrtals.

Auch ein Weingut hat im alten Kloster eine Heimat gefunden und kredenzt bei Veranstaltungen edle Rot- und Weißweine. Die Winzer bewirtschaften ein recht großes Areal von fast fünf Hektar.

Die religiösen Damen, es waren Augustinerinnen, konnten von dieser sehr weltlichen Nutzung natürlich nichts ahnen, als im Jahr 1137 das Kloster errichtet wurde. Damals war Marienthal nicht mehr als eine bewaldete Einöde. Wie so viele mittelalterliche Bauten wurde auch das Kloster im Dreißigjährigen Krieg stark beschädigt. Nach der Besetzung durch die französischen Revolutionstruppen wurde das Kloster 1802 säkularisiert. Die Auflösung des Klosters war im wörtlichen Sinne sichtbar: Die Einheimischen trugen nach und nach Steine ab, um sie für den Bau ihrer Häuser und möglicherweise auch für die Errichtung von Trockenmauern in den Weinterrassen zu verwenden. Sicher ist, dass es einmal mehrere Gebäude gab. Darunter waren verschiedene Handwerksbetriebe, eine Bäckerei und sogar eine Schnapsbrennerei. Heute stehen davon größtenteils nur noch einzelne Mauern.

Auch als Ruine ist das einstige Kloster ein höchst imposanter Ort inmitten der Weinberge. Hinter der Kirche schlängelt sich ein Wanderweg durch die malerischen Weinberge in die Höhe.

Adresse Klosterstraße, 53474 Marienthal | **ÖPNV** Ahrtalbahn, Haltestelle Walporzheim, von dort gut zu Fuß zu erreichen | **Anfahrt** von der B 267 in der Ortsmitte in die Klosterstraße einbiegen, Parkplätze bei Veranstaltungen rar | **Tipp** Im Advent findet in der Klosterruine mit dem »Wein-Nachtsmarkt« ein Weihnachtsmarkt der etwas anderen Art statt.

82 Das Nahwärmenetz

Ein Leuchtturmprojekt für die ganze Region

Marienthal war schon immer ein besonderer Ort. Malerisch zwischen Weinbergen und Fluss gelegen, entspricht es dem typischen Bild eines urigen, friedlichen – und sehr kleinen – Ahrdorfes. Speziell ist jedoch die politische Zugehörigkeit: Ein Teil Marienthals gehört zu Dernau und somit zur Verbandsgemeinde Altenahr, der andere zu Walporzheim, das seinerseits ein Stadtteil von Bad Neuenahr-Ahrweiler ist. Gewisse Abhängigkeiten waren somit immer gegeben.

Nach der Flut sollte damit Schluss sein. Die Marienthaler machten ihr eigenes Ding, zum Beispiel in Bezug auf die Wärmeversorgung. Entstanden ist ein Projekt mit Leuchtturmcharakter, nicht nur für das Ahrtal, sondern für die ganze Region. Eine Gemeinschaft von 33 Häusern ist seit November 2022 heizungstechnisch autark. Die Haushalte erhalten eigenproduzierte Wärme über ein ein Kilometer langes Leitungsnetz. Ganz wichtig: Die Energiegewinnung ist absolut umweltschonend. Ein Solarthermie-Feld in einer Größe von 164 Quadratmetern erzeugt die Wärme. Reicht das nicht, springen zwei hocheffiziente Pellet-Kessel ein. Hier werden dann Pellets verheizt, die aus nachhaltiger Forstwirtschaft stammen.

Dass die Marienthaler derart zügig eine eigene Wärmeversorgung auf die Beine stellten, geschah nicht ohne Grund. An das Fernwärmenetz von Bad Neuenahr-Ahrweiler war der Ort nicht angeschlossen, und so waren in Marienthaler Kellern vor allem Ölheizungen installiert – wie in den meisten Gebäuden der Mittleren und Oberen Ahr. Nach der Flut wurde das zum Problem. Das Wasser hatte Tanks und Thermen fortgespült, und einige Häuser und Felder waren kontaminiert worden.

Mit dem Wärmenetz machten die Marienthaler einen gewaltigen Satz in Richtung Umweltschutz, aber auch in die Eigenständigkeit. Und mehr noch: Mittlerweile stimmten die Einwohner darüber ab, zu welcher Kommune sie gehören möchten. Die Entscheidung fiel mehrheitlich auf Dernau.

Adresse Klosterstraße, 53474 Dernau-Marienthal | ÖPNV Ahrtalbahn oder Ersatzverkehr, Haltestelle Dernau oder Walporzheim, von dort zu Fuß | Anfahrt B 267, dann in Richtung Ortsmitte | Tipp Gleich in der Nähe liegt das »Freundschaftshaus«, ein nach der Flut errichteter neuer Dorftreffpunkt.

83 Der Alemannen-Zirkel

Die Spur der wandernden Studenten

Genau zwischen Laach und Mayschoß – schräg gegenüber dem Hotel »Lochmühle« – erhebt sich ein schroffer Fels. Das ist im Ahrtal nichts Ungewöhnliches. Doch darauf prangt in luftiger und schier unerreichbarer Höhe ein fast einen Meter hohes schwarz-weißes Graffito. Es handelt sich hierbei um den Zirkel der liberalen und dachverbandsfreien Burschenschaft Alemannia Bonn 1844.

Der Zirkel, kalligrafisch gestaltet, ist das markante Erkennungszeichen studentischer Verbindungen. Die Buchstaben A, G, E, F und V stehen hier für die Wörter Alemannia, Gott, Ehre, Freiheit und Vaterland. Wie der Zirkel an die Ahrtaler Felswand gelangte, ist nicht überliefert, angesichts der Höhe dürfte es auf jeden Fall einige Mühe gekostet haben. Ziemlich sicher ist er an einem feuchtfröhlichen Vatertag entstanden. Denn zu Christi Himmelfahrt gehen die Alemannen aus Bonn seit einer gefühlten Ewigkeit in Couleur auf Wanderschaft.

Die Tour allein ist schon ein Erlebnis, doch der Höhepunkt findet im nahe gelegenen Dernau statt. Da nehmen die Burschenschaftler am Tauziehen-Wettbewerb des dortigen Junggesellenvereins teil. Das Resultat ist je nach Tagesform mal mehr, mal weniger erfolgreich. Denn es gibt im Rahmenprogramm des Tauziehens auch einen Schnell-Trink-Wettbewerb. In jedem Fall sind alle Teilnehmer nach diesem Event ausgesprochen bierselig. Ein Sieg ist übrigens nur Nebensache, im Vordergrund steht der Spaß.

Auch wenn der Zirkel in Mayschoß langsam an Farbe und Deckkraft verliert, erinnert er an die überregionale Strahlkraft, die das Ahrtal auf die gesamte Großregion hat. An Vater- oder Männertagen trifft man zahlreiche gut gelaunte und durstige Trüppchen mit Bollerwagen und Bierfässchen auf den Wanderwegen, die gelegentlich Station an den verschiedenen Weingütern machen, um sich mit Nachschub einzudecken. Oder man begegnet den Bonner Studenten auf dem Weg zum sportlichen Wettbewerb an Seil und Glas.

Adresse zwischen Laach und Mayschoß, beim Hotel »Lochmühle«, 53508 Mayschoß | **Anfahrt** direkt an der B 267 in einer scharfen Kurve in Richtung Laach, hier auch Wanderparkplatz | **Tipp** Gut 20 Meter rechts hinter dem Zirkel führt ein altes Tor auf einen kleinen Pfad, der einen atemberaubenden Blick auf Weinberge, Felsen und bewaldete Hügel bietet.

84 Der Brunnen mit der Stitz

Der Ort, an dem Wein und Wurstwasser fließt

Viele Dinge des täglichen Gebrauchs haben im Ahrtaler Dialekt ihren ganz eigenen Namen. Die Mundarten variieren von Dorf zu Dorf, und so manches hochdeutsche Wort wird schlicht ersetzt. Die Umbenennungen machen auch vor simplen Gegenständen wie zum Beispiel Kannen nicht halt. Die nennt der Ahrtaler schlicht und ergreifend »Stitz«.

In Mayschoß hat man dem auch für die Weinwirtschaft essenziellen Behältnis mit der »Meescheje Dronkeskann« ein großes Denkmal gesetzt. Am Platz an der Hauptstraße steht das auch »Stitzbrunnen« genannte Wasserspiel, das aus der Hand von Künstler Rainer Hess stammt. Vollständig aus Marmor gefertigt, zeigt er, wie das Wasser plätschernd von Stitz zu Stitz fließt. Mit solchen Kannen konnte man im Alltag eine Menge machen. Und manchmal wurde die Stitz auch zweckentfremdet, besonders in früheren Zeiten. Plagte die Winzer und Kellermeister nach einem harten Arbeitstag im Weinberg und Weinkeller der Hunger, wurden oftmals Buben als Boten auf der Straße rekrutiert, um zum Metzgermeister um die Ecke zu laufen. Eine beliebte Brotzeitspeise war damals wie heute ein guter Ring hausgemachter Fleischwurst, den die Jungen für wenig Geld besorgten. Da in den Weinkellern stets siedend heißes Wasser vorhanden war, nutzte man dies auch für die Zubereitung der Mahlzeiten. Aus dem dampfenden Kessel wurde Wasser mit einer Stitz entnommen, die auch als Kochgefäß diente. Dort wurde die Fleischwurst hineingelegt, mit einem Brett oder einem Stein abgedeckt und im heißen Wasser gesiedet oder zumindest erwärmt. Das Ergebnis war ebenso delikat wie deftig. Auch der Botenjunge ging nicht leer aus: Statt Trinkgeld gab es die leckeren Fleischwurstenden.

Nach der Flut im Juli 2021 bot der Brunnen ein beklemmendes Bild: Ringsum war fast alles zerstört, nur das Kunstwerk war nicht von Wasser und Treibgut weggedrückt worden, sondern felsenfest stehen geblieben.

Adresse gegenüber der Einmündung der Waagstraße in die B 267, 53508 Mayschoß | Anfahrt von Bad Neuenahr-Ahrweiler kommend etwa 200 Meter nach der Ortseinfahrt auf der rechten Seite direkt gegenüber der Ahr | Tipp In den Weinbergen oberhalb des Ortes gibt es einen Aussichtspunkt mit Weitblick und dem »bescheidenen« Namen Akropolis.

85 Die Monorackbahn

Mit der Bahn durch die Steillage

Steil, steiler, Ahrtal. Kaum ein Bild prägt die Ahrregion so sehr wie die steilen Weinberge mit ihren Trockenmauern. Von einem Steilhang spricht man, wenn er eine Steigung von mindestens 30 Prozent aufweist. Und der Vorteil der Lage im hohen Hang für die Reben ist: Sie bleiben von eisigen Lüftchen weitestgehend verschont, da die kühle Luft schnell ins Tal sinkt und somit keine größeren Schäden an den Pflanzen verursacht. Die ausgezeichnete Sonnenexposition ist ein weiterer Grund für den Anbau im hoch gelegenen Fels.

Doch die Trauben müssen auch irgendwann geerntet, sprich gelesen werden. Und wo die Kletterausrüstung mit Haken und Gurten nicht mehr ausreicht, bedient man sich eines motorisierten Hilfsmittels: der Monorackbahn. Dabei handelt es sich um eine Zahnradbahn mit Benzin- oder Dieselmotor, die auf einer Schiene gemächlich durch die Steilhänge tuckert. Überall dort, wo der Mensch nur unter großen Mühen klettern kann, ist die Bahn für die Winzer unentbehrlich geworden. Sie transportiert Gerätschaften hinauf und mitunter auch die gelesenen Trauben ins Tal hinab. Manchmal mutet die Schienenführung mit ihren steilen Kurven und vielen Windungen geradezu abenteuerlich an. Auch das Winzerpersonal kann dank eingebauter Sitzmöglichkeit mit dem Gefährt durch den Weinberg gondeln, was allerdings bei der holprigen Fahrt nicht gerade rückenschonend ist.

Monorackbahnen sind zwar kein alltäglicher Anblick im Ahrtal, aber mittlerweile auch kein seltener mehr. Vor allem im Bereich der Mittelahr zwischen Reimerzhoven und Altenahr sind sie vielerorts zu finden. In Ahrweiler kann man gar unter einer »Monorack-Brücke« durchgehen. Ein Blick in die Geschichte lohnt sich: Zum ersten Mal zum Einsatz kam eine Ahrtaler Monorackbahn an der Lage »Altenahrer Eck«. Dort, gleich neben der Ruine der Burg Are, sind die Wingerte besonders unwegsam, rau und steil. Aber eben auch besonders malerisch.

Adresse in der Nähe des Bahnhofs, neben dem Saffenburger Tunnel, 53508 Mayschoß | **ÖPNV** Ahrtalbahn oder Ersatzverkehr, Haltestelle Mayschoß, von dort 100 Meter zu Fuß | **Anfahrt** von der B 267 auf die Brücke der Ahr-Rotweinstraße abbiegen, Parkplätze vorhanden | **Tipp** Der Mayschoßer Bahnhof beherbergt mit dem »Bahnsteig 1« ein Restaurant, das den Charme einer kleinen Studenten-Ausstellung besitzt.

86_Die Pfarrkirche

Turnschuhe unter dem Jesuskreuz

Die Pfarrkirche St. Nikolaus und Rochus in Mayschoß ist eines der sehenswertesten sakralen Bauwerke des Ahrtals. Zwischen 1908 und 1912 erbaut, diente sie als Ersatz für die alte Kirche am selben Ort, die etwas zu klein und baufällig geworden war. Bedeutend ist das Grabmal der Katharina von der Mark. Prächtig verziert, ist es ein Hingucker für alle historisch und kirchengeschichtlich Interessierten. Dies macht die Kirche im Herzen von Mayschoß zwar besonders, eine wirklich wichtige Bedeutung kam ihr aber erst in den Monaten nach der Flutkatastrophe zu, als das heilige Haus zu einem riesengroßen Warenlager umfunktioniert wurde.

Berühmt wurde die nach der Flut einsetzende deutschlandweite »SolidAHRität«. Menschen aus dem ganzen Land schickten Sachgüter an die Ahr. Da war alles dabei: Lebensmittel, Aggregate, Windeln, Spielzeug, Möbel, Staubsauger, Küchengeräte, Laubbläser, Fahrräder, Smartphones, Rollstühle – was auch immer nützlich erschien, wurde ins Ahrtal gesendet. Und die Spenden mussten irgendwohin. Da bot sich in Mayschoß die Pfarrkirche an. So türmten sich unter dem Jesuskreuz am Altar kistenweise Turn- und Joggingschuhe, in Schachteln lagerten mehr Ravioli-Dosen als in manchem kleinen Supermarkt, und die Kirchenbänke standen voller Hygieneartikel wie Zahnpasta und Babypuder.

Einfach bedienen konnte man sich dort jedoch nicht. Die Mitarbeiter der Ortsgemeinde hielten ein wachsames Auge auf die zahlreichen Spendengüter, die die Kirche verließen. Denn nur wirklich Bedürftige sollten zugreifen dürfen. Auch in der Umgebung der pittoresken Pfarrkirche gab es Hilfsangebote. Unvergessen wird wohl die Essensausgabe bleiben, die von einigen syrischen Bürgerkriegsflüchtlingen organisiert wurde. Außerdem war es gleich neben der Pfarrkirche – und einem wundervollen sattgrünen Weinfeld – möglich, in einem Pavillon eine Pause vom Aufräumen und Schlammschippen einzulegen.

Adresse Dorfstraße 82, 53508 Mayschoß | **ÖPNV** Ahrtalbahn oder Ersatzverkehr, Haltestelle Mayschoß | **Anfahrt** B 267, dann rechts auf die Dorfstraße abbiegen | **Tipp** In der Nähe der Abzweigung zur Dorfstraße liegt der Waagplatz, auf dem viele Feste stattfinden, so auch eher untypische Veranstaltungen wie der Mayschoßer »Indian Summer«.

87 Der Ritter Dronkeskann

Edler Mann und edle Tropfen

Im Ahrtal scheint die Zeit mancherorts stehen geblieben zu sein, und manche vergangene Epochen ist hier lebendiger als anderswo. Die Römervilla im Norden von Ahrweiler gibt tiefe Einblicke in die Lebensweise der römischen Oberschicht. In Bad Neuenahr bestimmen der Flair und die Architektur von Jugendstil und Klassizismus das Straßenbild. Und dann wäre da ja noch Ahrweiler, eine mittelalterliche Perle mit intakter Stadtmauer. Geht es auf der Ahr-Reise weiter nach Westen an die Mittelahr, fällt auf, dass das Mittelalter auch hier einen Teil der Landschaft prägt. So zum Beispiel in Mayschoß, wo die malerische Ruine der Saffenburg im wahrsten Sinne über allem thront. Gleichzeitig ist sie die älteste Burgruine im Ahrtal, ihre Herren hatten einst großen Einfluss und herrschten über einige Dörfer an der Ahr sowie über das berühmte Kloster Marienthal im gleichnamigen Ort.

Wo es Burgen gibt, muss es auch Ritter geben. Und einem Vertreter dieses edlen Standes wurde auf der Mayschoßer Seite des Saffenburger Tunnels ein Denkmal gesetzt: Ritter Dronkeskann I. Von hoher Geburt und hoher Statur, steht der Blechmann dort in luftiger Höhe auf einem Podest am Tunneleingang. Wie manierlich er die für Ritter obligatorischen Tätigkeiten wie Jagd und Minnesang beherrschte, ist nicht überliefert. Aber trinken konnte er wohl – denn »Dronkeskann« heißt nichts anderes als »Trinkkanne«. Davon zeugt auch sein Schild, auf dem ein entsprechendes Gefäß dargestellt ist.

Dass sich im Ahrtal in einer solchen Kanne kein schnödes Wasser, sondern exquisiter Wein befindet, liegt in der Natur der Sache. Natürlich gibt es zum Ritter auch eine Geschichte: »Dronkeskann« ist der augenzwinkernde Neckname für alle Mayschoßer, da man glaubt, dass die Menschen dort dem Wein allzu zugeneigt seien. Und so wurde der Ritter eine humorige Personifikation dieses nicht ganz ernst gemeinten Vorurteils.

Adresse Saffenburger Tunnel, 53508 Mayschoß | ÖPNV Ahrtalbahn oder Ersatzverkehr, Haltestelle Mayschoß | Anfahrt B 267, dann zum Bahnhof abbiegen, Parkplätze vorhanden | Tipp Seit vielen Jahren ist Mayschoß der Austragungsort der legendären Rallye Köln–Ahrweiler.

88 Der Feuerwehrbrunnen

Vom Notbrunnen zur Brandbekämpfung

Als sogenannter »Höhenstadtteil«, immerhin zehn Kilometer von Bad Neuenahr-Ahrweiler entfernt, droht Ramersbach oftmals ein wenig in Vergessenheit zu geraten. Umso glücklicher war man, als das Dorf nach dem Zweiten Weltkrieg ein umfassendes Wassernetz erhielt. Gespeist wurde das Trinkwassersystem aus den am Düsselbergs Nähr bei Blasweiler gelegenen Quellen. Perfekt war das Ganze aber noch nicht, denn in trockenen Jahren herrschte in den Ramersbacher Wasserhähnen im Sommer absolute Ebbe. Die Menge an kostbarem Nass reichte bei Weitem nicht aus, um die Bevölkerung und das noch reichlich vorhandene Nutzvieh zu versorgen. Das lag nicht nur daran, dass die Hochbehälter nicht auf die steigende Einwohnerzahl ausgerichtet waren, sondern auch an einer heute geradezu unglaublich anmutenden Milchkühlungsmethode der Landwirte, die ihre an die Molkerei abzugebende Milch in ständig laufendem Wasser kalt hielten. Wasserzähler gab es damals in den Häusern noch nicht. In manchen Jahren kam es vor, dass der Wasserverbrauch stark reduziert werden musste. Dann sprudelte pro Tag nur eine Stunde lang Wasser aus der Leitung.

So war man wieder auf Brunnen angewiesen, doch die weitverbreiteten Hausbrunnen hatten viele Ramersbacher bei Baumaßnahmen zugeschüttet oder komplett entfernt, ein fließendes Gewässer war nicht vorhanden. Deshalb avancierte der bis heute existierende Dorfbrunnen, vom Volksmund auch »Kirberichs Pötz« genannt, zur einzig zuverlässigen Quelle. Hieraus wurde mit Eimern das Wasser zur Tränkung des Viehs und für den allgemeinen Bedarf geschöpft. Eine mühselige Prozedur, die aufgrund des Andrangs oft mit langen Wartezeiten verbunden war, aber immerhin die Kommunikation der Dorfbewohner untereinander förderte. Das alles ist längst Geschichte, und zwei große Schlauchanschlüsse an und in der gemauerten Brunnenstube verraten dessen heutigen Zweck als Feuerwehrbrunnen.

Adresse Mayener Straße, 53474 Ramersbach | **ÖPNV** Ahrtalbahn, Haltestelle Ahrweiler, von dort RegioBus zur Haltestelle Ramersbach | **Anfahrt** über die Ramersbacher Straße in die Mayener Straße, Brunnen direkt neben der Kirche | **Tipp** Neben dem Feuerwehrbrunnen kann die 1907/1908 erbaute St.-Barbara-Kirche besichtigt werden.

89_Die Bären

Steinernes Denkmal für Meister Petz

So viel lässt sich vorwegnehmen: Wie der heute größtenteils unterirdisch durch Rech fließende Bärenbach einst zu seinem Namen gekommen ist, konnte bislang trotz intensiver Recherchen vor Ort sowie in historischen Schriften nicht ermittelt werden. Lebte hier, wo sich heute enge Straßen durch das urige Weindorf ziehen, einst tatsächlich Meister Petz? War Rech die Hochburg einer üppigen Braun- und/oder Schwarzbärenpopulation? Man weiß es nicht, und selbst eingefleischte Recher Ureinwohner finden auf all diese Fragen keine Antworten.

Und dennoch, irgendwie heißt es rund um den Bärenbach und die Bärenbachstraße »nomen est omen«. Das liegt zum einen am von der Familie Schreier geführten »Winzerhof Bärenbach«. Der lockt in den Monaten Mai und Juni sowie September und Oktober in seine gemütliche Straußwirtschaft samt idyllischem Innenhof, die nicht nur Weine der »Dagernova Weinmanufaktur« ausschenkt, sondern unter anderem auch das kultige Roggenmischbrot aus Natursauerteig sowie weitere Leckereien und Erfrischungen bereithält. Das Brot wird im anno 1902 aus Mayener Tuff erbauten Steinbackofen des Winzerhofs Bärenbach gebacken und ist ausschließlich hier zu haben. Eine Straußwirtschaft mit eigenem historischen Backes – das ist auch im Ahrtal alles andere als alltäglich.

Doch zurück zu den Bären, denen ein Recher Verschönerungsverein gegenüber dem Winzerhof ein echtes Denkmal geschaffen hat. Hier, direkt am Weg zum bekannten Steinerberg und nah am Rotweinwanderweg, begrüßen zwei steinerne Bären den rastenden Wanderer. Ob der Bärenbach einst so große Fische beheimatete wie das vom größeren der beiden Bären gefangene Exemplar, ist zumindest fraglich. Sei's drum, auf jeden Fall wirkt das Rauschen des unter dem »Denkmal« verlaufenden Bärenbachs beruhigend, während die zwei steinernen Pelzkameraden nicht selten als Fotomotiv herhalten müssen.

Adresse Bärenbachstraße 15 (und gegenüber), 53506 Rech | **ÖPNV** Ahrtalbahn oder Ersatzverkehr, Haltestelle Rech, von dort circa 10 Minuten zu Fuß | **Anfahrt** von der B 267 über die Brücke auf die Straße Im Bungert, dann rechts auf die Nollstraße und in die Bärenbachstraße | **Tipp** Mit dem »Winzerhaus Alfons Hostert« (Bärenbachstraße 13) gibt es gegenüber dem »Bären-Denkmal« eine weitere traditionsreiche Weinwirtschaft, die immer einen Besuch wert ist.

90_Das Weingut St. Nepomuk

Wie das Ahrtal dem Kölner Karneval auf die Sprünge half

Nein, auf den Karneval wollte man in Köln nie gern verzichten, auch wenn die Zeiten noch so hart waren. Und das waren sie im September 1945 auf jeden Fall. Der Zweite Weltkrieg war erst seit vier Monaten beendet, die Stadt weitgehend zerstört. Es fehlte oftmals am Notwendigsten. Und doch, das zarte Pflänzchen des »Fastelovends« keimte inmitten der Trümmer wieder auf. Auch Willy Jacobi und seine Mitstreiter Josef Boley, Heinz Münchow und Josef Fabry wollten das närrische Treiben wiederbeleben. Die Gründung einer Karnevalsgesellschaft sollte diesen Traum wahr werden lassen.

So weit, so gut – aber was hat das alles mit dem Ahrtal zu tun? Die Antwort ist nicht schwer: Nachkriegsdeutschland war in Besatzungszonen aufgeteilt. Köln gehörte zur britischen Zone, wo im Herbst 1945 noch ein Versammlungsverbot herrschte. In der französischen Zone hatte man dieses Verbot bereits aufgehoben – und zu der gehörte auch das Ahrtal.

Also machten sich die Kölner auf den Weg an die Ahr, wo man im damaligen Weinkeller des Recher Winzervereins die »Kölnische Karnevalsgesellschaft von 1945 e. V.« aus der Taufe hob. Es war der Auftakt einer Erfolgsgeschichte. Die »Kölnische« stellte seither nicht nur mehrfach das Kölner Dreigestirn, sondern ist auch seit vielen Jahren mit über 250 Personen die größte Fußgruppe des Kölner Rosenmontagszuges.

In den 1970er Jahren kaufte die Familie Schatz das Anwesen und eröffnete hier ein Restaurant und Weingut, das heute von Küchenmeister Peter Schatz und Winzermeister Matthias Schatz geführt wird. Neben vielfach prämierten Ahrweinen aus eigener Herstellung gibt es im »St. Nepomuk« jahreszeitliche Speisen mit regionalen Zutaten. Bei der Flut erlitt das »St. Nepomuk« schwere Schäden, auch in der Straße davor klaffte ein tiefes Loch. Doch relativ zügig wurde renoviert, repariert und der Betrieb wieder aufgenommen.

Adresse Rotweinstraße 5, 53506 Rech, www.stnepomuk-rech.de | **ÖPNV** Ahrtalbahn oder Ersatzverkehr, Haltestelle Rech, von dort nur wenige Schritte | **Anfahrt** direkt an der Rotweinstraße unweit des Ortsausgangs | **Öffnungszeiten** Fr–Di ab 11.30 Uhr | **Tipp** Rech ist alljährlich im Dezember Schauplatz des »Lucia-Markts«, eines der beliebtesten Adventsmärkte der Region.

91 Das Caracciola-Denkmal

Eine Hommage an den »Regenmeister«

Für einige Experten ist Rudolf Caracciola nicht nur der beste Motorsportler der 1920er und 1930er Jahre, sondern auch der bis heute größte Rennfahrer aller Zeiten – trotz legendärer »Nachfolger« wie Michael Schumacher oder Sebastian Vettel. Auf jeden Fall war der Sohn eines Hoteliers und Weingroßhändlers maßgeblich am Mythos der Mercedes-Silberpfeile beteiligt, die vor dem Zweiten Weltkrieg die Rennstrecken Europas dominierten. Allein drei Europameistertitel, vergleichbar mit der heutigen Formel-1-Weltmeisterschaft, gewann Caracciola zwischen 1935 und 1938. Weitere Titel wie drei Europa-Bergmeisterschaften, eine Teilnahme am berühmten Rennen von Le Mans sowie 144 Siege in 204 abgeschlossenen Rennen kamen hinzu. 1931 gewann Caracciola als erster Nicht-Italiener die legendäre »Mille Miglia«. Am 28. Januar 1938 erzielte er auf der Autobahn Frankfurt–Darmstadt mit 432,7 Stundenkilometern den bis heute gültigen Geschwindigkeitsrekord auf einer öffentlichen Straße. Die absolute Beherrschung des Wagens auch auf nasser Fahrbahn brachte ihm den Beinamen »Regenmeister« ein.

In Caracciolas Geburtsstadt Remagen hält man das Gedenken an den 1959 im Alter von 58 Jahren in Kassel verstorbenen Rennfahrer wach. An einer Hausfassade in der Straße Am Spich erinnert ein Gemälde an den späteren Wahl-Schweizer, doch noch greifbarer ist der Mythos Rudolf Caracciola dank des zu seinen Ehren gestalteten Denkmals unweit der schön gestalteten Remagener Rheinpromenade. 2001 vom Verschönerungsverein Remagen und der Daimler-Chrysler AG aufgestellt, zeigt die Skulptur neben Caracciola im Renn-Outfit den Mercedes-Stern sowie den unvermeidlichen Silberpfeil. Das eingeprägte Zitat des früheren Mercedes-Rennleiters Alfred Neubauer dokumentiert die Klasse von Rudolf Caracciola schlicht, aber dennoch recht eindrucksvoll: »Meiner Meinung nach ist von allen Fahrern der ganzen Welt Rudolf Caracciola der größte gewesen.«

Adresse Deichweg, 53424 Remagen | **ÖPNV** Ahrtalbahn, Haltestelle Remagen, von dort 15 Minuten zu Fuß | **Anfahrt** von der B 9 auf die Straße Am Spich abbiegen, dann auf den Deichweg | **Tipp** Nicht weit vom Denkmal entfernt, in der Kirchstraße 9, ist das Römische Museum Remagen beheimatet – ein echter Museums-Geheimtipp in der Ahrregion.

92 Die historische Birnbaumallee

Ein überraschend großartiges Rundgemälde

Eigentlich braucht es gar nichts Besonderes, um den Reiz des hoch über Remagen, dem Rheintal und dem Ahrtal gelegenen Plateaus »Auf Kirres« zu entdecken. Weite Felder, dazwischen und dahinter immer wieder alter Hochwald, vereinzelte Gehöfte, das verwunschene Forsthaus Erlenbusch und an vielen Stellen faszinierende Fernblicke – diese auch vom Rheinburgenweg gestreiften Gefilde lassen nicht nur die Herzen von Wanderern höherschlagen. Die Schönheit des »Kirres« rückte man schon Ende des 19. Jahrhunderts in den Fokus, als die seinerzeit noch schmaleren Pfade zu breiteren Spazierwegen ausgebaut wurden. Ein zeitgenössischer Reiseführer beschreibt es treffend: »Man versäume nicht, einen Spaziergang von zehn bis fünfzehn Minuten in diesem Gebiet westwärts zu machen; denn bald schon tut sich hier nach allen Seiten hin ein überraschend großartiges Rundgemälde auf [...] Dabei ist auch die nähere Umgebung mit ihren wogenden Ährenfeldern, blüten- und fruchtreichen Obstbäumen und geregelten Flurlinien, welche bunte Teppichmuster über die Ebene breiten, nicht ohne Reize.«

Ebenjene Obstbäume – genauer gesagt waren es 460 Birnbäume – wurden 1887 entlang der Hauptwege angelegt. Drei Jahre später folgten 6.000 Obstbäume aus der Provinzialbaumschule Brauweiler, die von der Gemeinde auf verschiedenen Grundstücken gesetzt wurden. Nach und nach verschwanden durch Flurbereinigungen die meisten dieser Bäume, doch aus den letzten verbliebenen Birnbäumen wurden weitere Artgenossen gezogen und 2008 vom Verschönerungsverein Remagen und der Stadt Remagen »Auf Kirres« gepflanzt. Eine Sitzgruppe samt Infotafeln zum Siebengebirge und den Birnbäumen rundet das Ganze ab.

Aufgrund ihrer historischen Bedeutung stellen die Birnbäume »Auf Kirres« ein bedeutsames Landschaftselement dar.

Adresse Heimersheimer Pfad, 53424 Remagen | ÖPNV Ahrtalbahn, Haltestelle Remagen, von dort circa 1 Stunde zum Teil steiler Fußweg | Anfahrt über die B 9 auf die Bergstraße, dann der Walburgstraße bis zum Heimersheimer Pfad folgen, von hier aus circa 500 Meter zu Fuß | Tipp Nur einen rund 40-minütigen Fußweg entfernt befindet sich die »Straußenfarm Gemarkenhof« mit Restaurant und Hofladen, die auch Führungen anbietet (Auf Plattborn 7).

93 Das Pfarrhoftor

Die Todsünden in Stein gemeißelt

Wer als frommer Christ im Mittelalter den Hof der Pfarrkirche St. Peter und Paul betrat, dem muss es angst und bange gewesen sein. Denn schon das Tor macht deutlich, was es tunlichst zu unterlassen gilt: das Sündigen. Auf den dort befindlichen Reliefs sind die Todsünden in sehr plastischer Form dargestellt. Ganze 3,50 Meter ist die Pforte hoch, sie hat eine uralte Geschichte und wirkt irgendwie Furcht einflößend und düster.

Datiert wird der steinerne Durchgang auf das Jahr 1180, doch seine Steine sind einer römischen Niederlassung mit dem Namen Rigomagus ganz in der Nähe zuzuordnen. Die Reliefs bestehen überwiegend aus Tiermotiven in unchristlichen Posen. Zwei streitende Vögel symbolisieren den Neid, ein nicht näher identifizierbares Tier in springender Bewegung steht für den Zorn. Auch monströse Fabelwesen sind zu sehen.

Grundsätzlich haftet allen Illustrationen etwas sehr Negatives an, das gilt auch für eine zweite Anordnung von Reliefs, die gleich neben dem großen Torbogen auszumachen ist. Dort dominieren Bilder von Menschen, die sich alles andere als christlich verhalten. Ein hochmütiger Ritter tritt seinen soeben besiegten Kontrahenten, und ein Landmann schändet gar einen Baum. Halbwegs positiv ist einzig der biblische Samson, der dem Feuer speienden Drachen den Garaus macht. Mitnichten sind alle Rätsel geklärt. Die genannten Deutungen sind lediglich als »ziemlich richtig« einzustufen. Somit bleibt der Pfarrbogen mysteriös und unheimlich. Als gewiss gilt die Funktion des kunstvollen Tors. Es sollte den Kirchenbesucher daran erinnern, wie man es *nicht* macht. Sei fromm, sonst drohen Elend und die Hölle, ist die Aussage der Reliefs. Die dargestellten Szenen sollten wohl eine rein abschreckende Wirkung haben. Die theologische Bedeutung und die Bibelreferenzen der Reliefs werden dem gemeinen Volk des Mittelalters verborgen geblieben sein.

Adresse Kirchstraße 32, 53424 Remagen | **ÖPNV** Ahrtalbahn, Haltestelle Remagen | **Anfahrt** aus Richtung Sinzig von der B 9 rechts auf die Straße Am Spich abbiegen, dann der Beschilderung folgen | **Tipp** Ganz in der Nähe der Kirche, in der Milchgasse, kann man die Reste der mittelalterlichen Stadtmauer besichtigen.

94_Der weiße Herrgott

Kontemplation und gute Laune

Es gibt Orte, die haben eine besondere Anziehungskraft, ohne dass man dafür einen bestimmten Grund nennen könnte. Der am Waldrand gelegene »weiße Herrgott« ist so ein Ort. Der Volksmund berichtet davon, dass hier, wo sich mehrere Wege kreuzen, die Menschen schon immer gern angehalten haben – um zu rasten oder, vor allem als die Volksgläubigkeit noch ausgeprägter war, um im Gebet zu verweilen. Dem Blick bietet sich ein abwechslungsreiches Panorama: hinten dichter Hochwald, rechts Felder, lichte Bäume und dahinter das Ahrtal, links in weiter Ferne das Siebengebirge. Das wussten offenbar schon die Römer zu schätzen, belegen doch archäologische Funde auf den nahen Äckern ein antikes Gehöft.

Ein historisches Wegekreuz, wie sie im Rheinland und somit auch im Ahrtal reichlich zu finden sind, ist der weiße Herrgott nicht. Wann genau das Holzkreuz mit dem namensgebenden weißen Christus-Korpus hier aufgestellt wurde, weiß niemand mehr so ganz genau. Verbürgt ist lediglich die letzte Neuaufstellung durch die Gemeinde im Jahr 1972. Nicht weit von Holzweiler und direkt an der Gemarkungsgrenze zu Lantershofen gelegen, gehört der Standort dennoch zur Gemarkung Ringen. Die besondere Anziehungskraft des auch als »Holzweiler Kreuz« bekannten Kruzifixes ist auf jeden Fall ungebrochen. Nicht nur zufällig vorbeikommende Wanderer, auch zahlreiche »Stammgäste« beehren den weißen Herrgott immer wieder – mit unterschiedlichen Intentionen. Während die einen meditativ betend die Ruhe suchen, genießen andere bei diversen mitgebrachten Kaltgetränken Natur und Aussicht. Regelmäßig werden Kerzen entzündet, und das Kreuz wird mit frischen Blumen geschmückt. Ein Gläubiger hat sogar für »Konkurrenz« gesorgt und im Baum nebenan eine Mini-Mariengrotte geschaffen. Kontemplation und gute Laune liegen hier dicht beieinander, sicherlich sehr zur Freude des weißen Herrgotts.

Adresse am Waldrand, 53501 Grafschaft-Ringen | ÖPNV DB RegioBus (verschiedene Linien), Haltestelle Grafschaft-Bölingen, von dort gut 1 Stunde zu Fuß | Anfahrt über die L 83 (Rheinbacher Straße) bis Bölingen, am Ortsausgang Nähe Staudengärtnerei Schweiss abbiegen und zur »Bölinger Hütte«, geradeaus auf den großen Waldweg und an der zweiten Kreuzung links, circa 1,2 Kilometer zum »weißen Herrgott« | Tipp Im nahen Holzweiler steht die Villa Bellestate. Hier treten erstklassige Musiker von Weltrang auf.

95 Die Bubenley

Der schroffste und bunteste Fels im Ahrtal

Die erdgeschichtlich interessante und optisch eindrucksvolle Felsformation Bubenley in Schuld bei Adenau ragt an einem besonderen Bogen der Ahr empor. Schroff, rau und voller Vorsprünge, erscheint der Fels wie ein Sinnbild für die Eigenheiten des oft als »wildromantisch« bezeichneten Ahrtals. Das Steinmassiv ist steiler als jeder Weinhang und bietet selbst für Gräser kaum Nährboden. In der Ahr fand der Felsen jedoch seinen Meister: Im Verlauf von Jahrmillionen fraß sich der Fluss durch das Gestein und schuf so den steilen Abhang.

Der Ahrfelsen, wie der Volksmund ihn schlicht nennt, thront auf der linken Seite der Ahr als imposantes Markenzeichen des Dörfchens Schuld. Das Gestein der Bubenley machte es der Ahr mit ihrer flotten Fließgeschwindigkeit leicht. Aus Sand- und Tonstein bestehend, verrieselte der aus dem Zeitalter des Unterdevon stammende Fels unter dem Druck des Wassers praktisch von allein. Damals wurde der Sand der Bubenley in ein Flachmeer gespült – so entstand möglicherweise der erste und letzte Meeresstrand in der Geschichte des damals noch jungen Ahrtals.

Heute gibt es auf dem höchsten Punkt der Bubenley eine kleine Aussichtsplattform, die sich dank des Aufblühens des Wandersports in den letzten Jahren immer größerer Beliebtheit erfreut. Der Ausblick, der sich von der Ley bietet, erlaubt bei klarer Witterung eine Sicht über viele Kilometer. Der Geopfad Schuld (Ahr–Eifel) führt hier Wanderbegeisterte vorbei.

Die Bubenley steht einmal im Jahr im Mittelpunkt des Dorfgeschehens, wenn das Fest »Ahrfelsen in Flammen« stattfindet, zu dem auch viele Besucher von auswärts anreisen. Im Rahmen der Veranstaltung wird der Fels in allen Regenbogenfarben festlich illuminiert. Dazu gibt's ein großes Feuerwerk und jede Menge Livemusik. Außerdem macht das Rad-Event »Tour de Ahrtal« am Vorabend des Festes Station am uralten Ahrfelsen.

Adresse nahe der Bubenleyhalle, Hauptstraße, 53520 Schuld | **Anfahrt** von Bad Neuenahr-Ahrweiler kommend über die B 257, dann über die L 73 Richtung Schuld, Ahrfelsen an der Bubenleyhalle bereits sichtbar | **Tipp** Es lohnt sich, einen Abstecher in den Nachbarort Insul zum sogenannten Wenigmanns-Haus zu machen. Es ist so winzig, dass man glauben könnte, Zwerge würden darin wohnen.

96_Die Freilichtbühne

Ein Theater mit ganz eigenem Charme

In Schuld an der Ahr gibt es Jahr für Jahr Open-Air-Veranstaltungen der besonderen Art zu sehen, ob »Robin Hood«, »Der gestiefelte Kater« oder »Arielle, die Meerjungfrau«. Auf der Freilichtbühne werden in jeder Spielzeit tolle Stücke für Kinder und Erwachsene aufgeführt. Hat man sich erst einmal auf den rustikalen Sitzplätzen niedergelassen, wird beste Unterhaltung für Groß und Klein geboten.

Angefangen hat alles mit der »Genovefa«, die als erstes Stück über die Bühne ging. Das war 1948, und seinerzeit führte man eher ernstere Werke wie den »Jedermann« von Hugo von Hofmannsthal oder Schillers »Wilhelm Tell« hier auf. Heute sind es vor allem Dramatisierungen alter und neuer Märchen, mit denen die Freilichtbühne zum absoluten Hit für Kids geworden ist. Und die Schauspieler geben vollen Einsatz. Wenn zum Beispiel die bösen Buben Max und Moritz eine Brücke ansägen, um dem Lehrer Lämpel einen Streich zu spielen, fällt dieser in den Bühnen-Bach und steigt triefend nass wieder heraus. Alles dort ist sehr plastisch und authentisch, so auch der schöne Brunnen auf der naturnahen Bühne.

Gegründet wurde die Bühne von der »Katholischen Spielschar Schuld«. Die Gruppe gestaltet auch heute noch das Programm. Knapp 50 Helfer sorgen jedes Jahr für spektakuläre Bühnenaufbauten und, wenn nötig, modernisierte Dialogbücher.

Die meisten Akteure haben keine Schauspielausbildung absolviert. Hier agieren eben Laiendarsteller, manchmal sogar komplette Familien, und zwar mit enorm viel Eifer und Herzblut. Das macht auch den besonderen Charme dieser Spielstätte aus. Für die Regie ist dagegen ein echter Profi verantwortlich. Jens Kerbel ist freischaffender Theater- und Opernregisseur und hat auf den Bühnen Deutschlands einen großen Namen. Da es in Schuld recht entspannt zugeht, findet Kerbel nebenher sogar noch Zeit, um Theaterworkshops anzubieten.

Adresse Hauptstraße, 53520 Schuld, www.freilichtbuehne-schuld.de | **Anfahrt** über die Hauptstraße, gut ausgeschildert | **Öffnungszeiten** Termine der Aufführungen und Kartenvorbestellung siehe Website | **Tipp** In Schuld findet sich nahe dem Ortskern ein alter Eisenbahntunnel, der eigentlich längst stillgelegt war. Da die anderen Straßen nach Schuld nach der Flut jedoch zerstört waren, wurde kurzerhand eine Umgehungsstraße durch den Tunnel gebaut.

97__Die Marienstatue

Die Muttergottes und die Pioniere

Der Ort Schuld, an der Oberahr in der Verbandsgemeinde Adenau gelegen, erlangte nach der Flutkatastrophe traurige Berühmtheit. Hier schlugen Wasser und Schlamm bereits am 14. Juli zu, Autos und entwurzelte Bäume schwammen noch bei Tageslicht durch die Straßen. Ansichten des von der Flut zerstörten Schuld gingen um die Welt, vielen hat sich das Bild der kaputten Häuser regelrecht eingebrannt. Hierhin kam nach der Katastrophe auch die damalige Bundeskanzlerin Angela Merkel, um vor den Menschen ihren Beistand zu bekunden.

Zwischen all dem Leid passierten aber auch Dinge, die Mut machten und ein Zeichen der Hoffnung setzten, wie zum Beispiel die Geschichte der Marienstatue aus Schuld. Die massive steinerne Maria dient der Erinnerung an die Gefallenen beider Weltkriege und stand vor der Flut direkt am Kriegerdenkmal an der Hauptstraße. Dass die Statue auch heute wieder dort ihren Platz hat, ist den Mitgliedern der Freiwilligen Feuerwehr Adenau und den Panzerpionieren aus Holzminden zu verdanken. Letztere bargen die Muttergottes unter Zuhilfenahme eines Bergepanzers aus Trümmern und Schutt. Das schwere Gerät war nötig, denn Maria war unter zentnerschwerem Gestein verschüttet – mit Muskelkraft wäre da nichts zu machen gewesen. Dank des Panzers glückte die Rettung aber problemlos. Zunächst wurde das Denkmal an der katholischen Kirche »geparkt«, heute befindet es sich wieder an seinem angestammten Ort. Nicht nur die heilige Frau wurde gerettet. Die Helfer in Olivgrün zogen auch einige Straßenschilder und das Ortsschild von Schuld aus dem Dreck – eine Rettung mit Signalwirkung.

Auch an anderen Stellen wirkten die Pioniere. Gemeinsam mit dem THW und weiteren Helfern errichteten die Soldaten eine Behelfsbrücke in Dernau und säuberten den Ehrenfriedhof in Bad Bodendorf. Dieser wichtige Einsatz sorgte für ein nachhaltig positives Bild der Bundeswehr im Ahrtal.

Adresse Hauptstraße, 53520 Schuld | Anfahrt über die Hauptstraße bzw. die L 83, Figur auf der linken Seite | Tipp Mit dem »Waldfrieden« gibt es in Schuld einen bekannten Bikertreff, den Motorradfans gern als Rastmöglichkeit auf dem Weg zum Nürburgring nutzen.

98 Die Schorn-Kapelle

Outdoor-Messen dank eines glücklichen Bauern

Folgt man in Schuld dem Weg in Richtung der berühmten Freilichtbühne, gelangt man automatisch zur Schorn-Kapelle. Das architektonische Kleinod aus dem 17. Jahrhundert ist für eine Wallfahrtskapelle recht prunkvoll ausgestattet. So ist der kleine Altar gar mit Blattgold versehen. Das wurde zwar erst 1994 angebracht, gleichwohl verleiht es dem kleinen Gotteshaus eine gewisse Note von Erhabenheit. Eine wahre Besonderheit ist der Außenbereich. Dank Dutzender Steinbänke können hier Open-Air-Messen zelebriert werden.

Was wäre eine Kapelle im Ahrtal, deren Errichtung nicht auf einer spannenden Legende beruhte? So gab es einst einen Bauern in Schuld, der in der Dümpelfelder Kornmühle Säcke voll Mehl geholt hatte und auf dem Heimweg mit seinem schwer beladenen Fuhrwerk nachts die Ahr durchqueren wollte. Das Wasser war dramatisch gestiegen, denn es goss in Strömen, und so geriet der Bauer samt Ross und Gefährt in einen starken Strudel. Da in der Dunkelheit das rettende Ufer nicht zu sehen war, rief der Mann in seiner Not und Angst die Jungfrau Maria an und versprach, ihr zu Ehren eine Kapelle zu bauen, sollte sie ihn erhören. Es dauerte nicht lange, und der Mond kam zwischen den dichten Regenwolken hervor und wies ihm mit seinem strahlenden Licht den Weg aus den Fluten. Der Bauer löste sein Versprechen ein und ließ ein Kapellchen bauen, das den Namen Schorn erhielt, denn so hieß die Familie des guten und frommen Mannes.

Tatsächlich war das heilige Haus zu Beginn recht klein. Doch im Laufe der Jahrhunderte wurde es vergrößert und seine Ausstattung ergänzt. So erhielt die Schorn-Kapelle inmitten der Wirren des Zweiten Weltkriegs im Jahr 1942 zwei neue Glocken. Deutlich später erfolgte der Anschluss ans Stromnetz. Erst 1969 brannten die ersten Glühbirnen in der Wallfahrtskapelle, die all die Jahre zuvor durch Kerzen erleuchtet worden war.

Adresse Hauptstraße, 53520 Schuld | **Anfahrt** gleich an der Hauptstraße, einer Abzweigung der L 83, gut ausgeschildert | **Tipp** In Schuld hat man Spuren römischer Besiedelung gefunden. So wurden im Jahr 1960 die Überreste eines Gutshofs entdeckt, die man besichtigen kann.

99__Die alte Linde

Ein Blitzableiter aus dem Dreißigjährigen Krieg

Naturdenkmal, stummer Zeuge der letzten Jahrhunderte und von den Stadtbewohnern geliebt: Das alles ist die alte Linde am Ende der Koblenzer Straße, die laut Baumexperten ziemlich genau 470 Jahre zählt. Das erste Aufkeimen wird auf 1550 datiert. Der Baum diente wohl einem besonderen Zweck und wurde als sogenannte Gerichtslinde gepflanzt. Dort versammelte sich die Gerichtsbarkeit der damaligen Zeit, um Streitfälle zu behandeln. Der Grund, warum vielerorts eine Linde als Versammlungsort gewählt wurde, geht auf einen alten Aberglauben zurück: Die ausladende und sehr hohe Krone sollte vor Blitzschlag schützen. Eine Annahme, die heute überholt ist.

Am Stamm der Sinziger Linde, der einen stolzen Umfang von 5,46 Metern hat, zeugt ein Pestkreuz aus Trachyt von der Ankunft des Schwarzen Todes im Jahr 1688.

Im Jahr 1952 wurde die Linde als besonders schützenswert eingestuft, sie gilt seitdem als Naturdenkmal. Der Baum hat seit jeher eine große Anhängerschar. Die dicken und ineinander verschlungenen Äste sehen aus wie einer Phantasiewelt entsprungen und begeisterten schon immer Naturfreunde und Spaziergänger. Doch es dauerte nicht lange, bis man dem alten Laubbaum zum ersten Mal ans Geäst wollte. Ende der 1960er Jahre drohte wegen mangelnder Standsicherheit die Fällung. Zum Glück gab man dem Vorschlag eines Baumgutachters statt, die betagte Linde zu sanieren. Im Jahr 2000 sorgte sich die Verwaltung des Landkreises Ahrweiler abermals um ihren festen Stand. Unter den Sinzigern brach ein wahrer Sturm der Entrüstung los, und es wurde zum Erhalt der »Förderverein Naturdenkmal Sinziger Linde« gegründet. Die Initiative machte Druck und hatte Erfolg. Wieder blieb der Baum stehen. Anfang des Jahres 2019 gab es für die »Linden-Fans« gute Neuigkeiten: Ein Sachverständiger bescheinigte, dass der geliebte Baum noch weitere 1.000 Jahre alt werden könnte.

Adresse Ecke Koblenzer Straße/Lindenstraße, 53489 Sinzig | ÖPNV Ahrtalbahn, Haltestelle Sinzig, 300 Meter vom Bahnhof | Anfahrt B 9, Ausfahrt Sinzig, Linde neben dem folgenden Kreisel | Tipp In der Koblenzer Straße befindet sich der Helenensaal. Die Festhalle wurde 1910 erbaut und ist heute das Zentrum des Sinziger Karnevals.

100_Der Barbarossa-Rundweg

Wandeln auf den Spuren des alten Kaisers

Was muss das am 6. März 1152 für ein Ereignis gewesen sein! Friedrich I., genannt Barbarossa, italienisch für »Rotbart«, war zu Gast in dem Örtchen Sinzig. Der Mann mit dem sagenhaften Bart war der designierte Kaiser des Heiligen Römischen Reiches Deutscher Nation, und noch heute zehren die Bewohner der Stadt an der Ahrmündung von dieser royalen Stippvisite. Barbarossas Aufenthalt in der Stadt hatte jedoch keinen politischen Grund. Er bettete dort lediglich in der Nacht vor seiner Königskrönung sein Haupt zur Ruhe. Später kam er nochmals zu verschiedenen Anlässen nach Sinzig, die Besuche waren jedoch alle recht kurz.

Dennoch trifft man in Sinzig allerorten auf den späteren Kaiser. Es gibt eine Barbarossastraße und ein Mittelalterfest mit der Bezeichnung »Barbarossamarkt« in der »Barbarossastadt«, wie Sinzig mitunter genannt wird. Kurzum: Die Stadt identifiziert sich sehr mit dem Kaiser von anno dazumal. Passend dazu wurde im September 2017 der Barbarossa-Rundweg eröffnet. Insgesamt 17 Statuen des rotbärtigen Monarchen wurden in der Sinziger Innenstadt, in Parkanlagen und dem Stadtteil Bad Bodendorf aufgestellt und zuvor von Vereinen, Künstlern und Firmen farblich verschönert, bemalt und beklebt.

Doch die Figuren, die den rotbärtigen Kaiser zeigen, wurden in der Vergangenheit oft Opfer von Vandalismus. Besonders die Schwerter, die an den Statuen angebracht sind, werden immer wieder von Übermütigen als Souvenir betrachtet. Eine Reparaturwerkstatt kümmert sich liebevoll um die Figuren und stellt sie regelmäßig wieder her.

Den Rundgang startet man idealerweise am Kirchplatz, direkt vor dem Rathaus. Die »große Runde« bis in den Ortsteil Bad Bodendorf ist knapp 3,5 Kilometer lang. Einem leibhaftigen Barbarossa kann man natürlich auch begegnen: Ein Stadtführer mit historischem Outfit und rotem Bart zeigt die schönsten Stellen.

Adresse Startpunkt: Kirchplatz 5, 53489 Sinzig | ÖPNV Ahrtalbahn, Haltestelle Sinzig | Anfahrt aus Richtung Westen kommend auf der B 266 und der B 9 Richtung Bad Breisig/Koblenz, erste Ausfahrt nach Sinzig nehmen, dort der Beschilderung Richtung Rathaus folgen | Tipp Die im Jahr 1241 geweihte Pfarrkirche St. Peter am Kirchplatz wurde im sogenannten Rheinischen Übergangsstil erbaut.

101 Der Gedenkstein

Eine Mahnung zum Frieden

Als im Frühjahr 1945 der wie kein kriegerischer Konflikt zuvor von Tod, Leid und furchtbarsten Verbrechen gegen die Menschlichkeit geprägte Zweite Weltkrieg zu Ende ging, gerieten Hunderttausende deutsche Soldaten in alliierte Gefangenschaft. Allein im sogenannten »Ruhrkessel« kapitulierten rund 300.000 Angehörige der 15. Armee und der 5. Panzerarmee. Zur Unterbringung der Kriegsgefangenen hatten die US-Streitkräfte die »Rheinwiesenlager« angelegt, darunter auch je eines in der wegen ihrer Fruchtbarkeit als »Goldene Meile« bezeichneten Rheinuferlage Sinzig und Remagen.

Für das von Anfang Mai bis 20. Juli 1945 existierende Lager in Sinzig mit dem offiziellen Namen »Prisoner of War Temporary Enclosure A 5« (PWTE A 5) war eine Kapazität von 100.000 Gefangenen vorgesehen gewesen, die jedoch rasch überschritten wurde. Nach neuesten Erkenntnissen lebten zeitweilig mehr als 118.000 Gefangene auf den Sinziger Rheinwiesen. Nahezu alle von ihnen harrten unter freiem Himmel aus. In selbst gegrabenen Erdlöchern suchte man Schutz vor Wind, Regen und Hitze. Wegen akuter Versorgungsschwierigkeiten mit Nahrungsmitteln und Trinkwasser litten die durch die Kämpfe der Kriegsjahre ausgezehrten Menschen an Hunger und Durst. Die Wiesen und Äcker wurden bei katastrophalen Hygieneverhältnissen zu regelrechten Schlammwüsten. Für internierte Frauen gab es einen separaten Bereich, in dem die Verhältnisse ein wenig besser waren.

Wer die heute wieder landwirtschaftlich genutzten Flächen betrachtet, kann sich die damaligen Lagerzustände nur bedingt vorstellen. Etwa 1.200 Menschen starben während der Internierung. Zur Erinnerung an das Lager in Sinzig wurde am östlichen Ende der Rheinallee ein großer Gedenkstein errichtet, auf dessen Tafel folgende eindringliche Inschrift steht: »Von April bis Juli 1945 litten auf diesen Feldern unzählige Kriegsgefangene. Möge uns ihr Leid zum Frieden mahnen.«

Adresse Rheinallee, 53489 Sinzig | **ÖPNV** Ahrtalbahn, Haltestelle Sinzig, von dort rund 1,5 Kilometer entfernt | **Anfahrt** B 9, Abfahrt Sinzig, über den Trifterweg in die Rheinallee | **Tipp** Im nahen Remagen erinnert die Kapelle »Schwarze Madonna« an das dortige Rheinwiesenlager.

102 Das Mündungsgebiet der Ahr

Artenvielfalt in einer einzigartigen Kulisse

Die Bewohner des Ahrmündungsgebiets zwischen Kripp und Sinzig heißen Kleewidderchen, Schwarzblauer Ameisenbläuling und Mauerfuchs. Dass Nicht-Biologen diese Tierchen kaum ein Begriff sind, muss nicht verwundern. Rund 200 seltene Pflanzenarten, 80 verschiedene Vögel und allein 40 Arten von Laufkäfern haben dort ihr Zuhause. Vor allem auf den Kiesbetten können Vogelarten wie der Eisvogel beim Brüten beobachtet werden. Lachse ziehen zum Laichen vom Rhein kommend durch das Mündungsgebiet, und vor einigen Jahren wurde der einst reichlich vorhandene Maifisch wieder angesiedelt.

Unter allen Mündungen der Rheinnebenflüsse ist die der Ahr die einzige, die vollständig renaturiert wurde. Einst presste man den wilden Fluss in ein künstliches Bett. Diese Baumaßnahme wurde jedoch rückgängig gemacht, und das Gebiet steht seit den späten 1970er Jahren unter Naturschutz. Die Ahr nahm den Rückbau ungestüm an. Seitdem hat sich ihr Lauf um eine Flussbreite verschoben. Mittlerweile hat das sehenswerte Gebiet eine Größe von 63 Hektar. Mancherorts erinnern die Auen mit ihren gelbgrünen Gräsern und violetten Blüten gar an Heidelandschaften.

Bei der Ahrflut im Juli 2021 war das Mündungsgebiet stark betroffen. An der Ahrbrücke direkt am Rhein, die eine Gelegenheit für Fahrradfahrer und Fußgänger bot, von Sinzig nach Kripp zu wechseln, staute sich massiv Treibgut, sie musste deshalb wenige Monate nach der Katastrophe mangels Standsicherheit abgerissen werden. In den Auen lag mit dem Richard-Spessart-Steg sogar eine vollständige Brücke, die von der Flut mitgerissen worden war und einst westlich von Sinzig stand. Spektakulär war eine Aufräumaktion der Bundespolizei: Mit Hubschraubern rückten die Beamten an und transportierten in riesigen Säcken Flut-Müll ab. Mittlerweile wurde eine Ersatzbrücke errichtet, und Radfahrer können die schöne Strecke wieder genießen.

Adresse 53424 Kripp/53489 Sinzig | Anfahrt am Rhein zwischen Kripp und Sinzig, gute Parkmöglichkeiten in Kripp am Johann-Gerhard-Kirschbaum-Platz | Tipp Der Bereich der Ahrmündung und deren Umgebung ist auch von Reh- und Schwarzwild bevölkert, das selbst am Tag häufig zu beobachten ist.

103 Die Rudi-Altig-Stele

Ein Denkmal für den »König des Pelotons«

Der Asphalt glüht, es herrscht brütende Hitze. Rudi Altig steht kurz vor dem Zielsprint. Er weiß, dass sich bald alle Mühen gelohnt haben werden. Am Nürburgring jubeln dem Ausnahmesportler knapp 10.000 Menschen zu. Und er schafft es tatsächlich: Rudi Altig wird 1966 Straßenweltmeister. Seine sportliche Leistung bei diesem Rennen war enorm. Von insgesamt 74 gestarteten Fahrern kamen wegen der extrem hohen Temperaturen nur 22 ins Ziel. Darunter Altig als einziger deutscher Fahrer. Seit diesem Erfolg setzte sich seine Siegesserie fort, und nicht zuletzt dank des gebürtigen Mannheimers wuchs das Ansehen des Radsports in Deutschland. Als Straßenfahrer nahm er unter anderem viermal an der Tour de France teil, und auf der Bahn bestritt er insgesamt 81 Sechstagerennen, von denen er 23 gewann.

Auch nach seiner aktiven Zeit blieb Altig dem Radsport verbunden und arbeitete als TV-Kommentator. Nachdem der Plan, einen eigenen Rennstall zu gründen, gescheitert war, wurde er technischer Berater eines großen Fahrradherstellers in Remagen. Daraufhin ließ sich Altig in Sinzig nieder, genauer gesagt im Ortsteil Koisdorf. Auch wenn er kein Sohn der Stadt war, sind die Sinziger stolz auf den legendären Pedalritter, der 2016 im Alter von 79 Jahren verstarb.

Der »König des Pelotons« ist seit März 2018 in der Barbarossastraße in Sinzig in Stein verewigt. Die »Rudi-Altig-Stele« ist ein 3,40 Meter hohes Standbild und zeigt ein Peloton. Der Fahrer an der Spitze, Rudi Altig, reckt den rechten Arm siegesgewiss in Richtung Ziel.

Die Stele aus schwarzem Granit wurde von dem Herzogenrather Künstler Cornel Brücken und seinem Sohn Sven geschaffen. 450 Arbeitsstunden investierten die beiden in ihr Werk, das natürlich dem großartigen Radrennfahrer gilt und nicht der »radelnden Apotheke« – ein Spitzname, den sich Altig einhandelte, nachdem er die Einnahme von Dopingmitteln zugegeben hatte.

Adresse Barbarossastraße, 53489 Sinzig | ÖPNV Ahrtalbahn, Haltestelle Sinzig, nur wenige Meter vom Bahnhof | Anfahrt aus Richtung Bad Neuenahr-Ahrweiler über die B 266, Abfahrt Sinzig, zunächst auf die Kölner Straße, im folgenden Kreisel dritte Ausfahrt nehmen | Tipp Gleich neben der Rudi-Altig-Stele befindet sich die Skulptur »Das alte und das junge Sinzig«. Das 2017 gestohlene Original wurde durch eine Replik ersetzt.

104 Das Sinziger Schloss

Die gute Stube der Stadt

Das Sinziger Schloss ist dem Markgrafen Wilhelm V. von Jülich zu verdanken. Der Aristokrat war es nämlich, der im Jahr 1337 genehmigte, die Reichsstadt Sinzig durch eine Wasserburg schützen zu lassen. Sofort machte man sich an den Bau, und schon im Folgejahr war das Bollwerk fertig. Nachdem französische Truppen die Burg 1689 zerstört hatten, entstand auf den Ruinen ein neues Gebäude. Das war die Geburtsstunde des nahe der Kernstadt gelegenen Sinziger Schlosses. Die Nutzung variierte im Laufe der Jahrhunderte: Mal war es Witwensitz, mal der Wohnsitz von Fürsten. Heute ist das Schloss ein attraktiver Hingucker. Wassergräben gibt es keine mehr, dafür umringt ein Park das historische Gebäude, der von dem berühmten Gartenkünstler Peter Joseph Lenné gestaltet wurde.

Ein bedeutendes Jahr in der Chronik war 1954, als das Schloss in den Besitz der Stadt überging. Seitdem wird es vielfältig genutzt. Das Heimatmuseum ist dort untergebracht, und in den mittelalterlich anmutenden Sälen finden Versammlungen und Konzerte statt. Auch kuriose Veranstaltungen gab es schon im Schloss, wie den Vorentscheid der Deutschen Brettspielmeisterschaft, der 2019 ausgetragen wurde. An Sonderaktionen wie dem »Ahrtaler Gipfelfest« nimmt das Sinziger Schloss ebenfalls immer wieder gern teil.

Im Turmzimmer darf sogar geheiratet werden. Dieser Ort ist bei heiratswilligen Paaren derart beliebt, dass mitunter Monate auf einen freien Termin gewartet werden muss. Bei einer Trauung gab es sogar einst einen handfesten Skandal, denn im Turmzimmer des Schlosses residiert der »Idolino«, die Statue eines griechischen Jünglings. Ganz authentisch kommt er gänzlich ohne Bekleidung daher. Ein Brautpaar nahm derart Anstoß an der marmornen Mannespracht, dass es den »Idolino« aus dem Turmzimmer verbannt wissen wollten. So geschah es, und die Vermählung konnte ohne nackten Zeugen stattfinden.

Adresse Barbarossastraße 35, 53489 Sinzig | ÖPNV Ahrtalbahn, Haltestelle Sinzig | Anfahrt von der B 9 auf die Lindenstraße, dann auf die Barbarossastraße | Tipp Der preußische Gartenkünstler Peter Joseph Lenné hat im Ahrkreis viele Spuren hinterlassen. So war er unter anderem für die Gestaltung der Kuranlagen in Bad Neuenahr verantwortlich.

105 Der Stadtmauredrisser

Identifikationsfigur mit heruntergelassener Hose

Fährt man über die Landesstraße 82 von Königsfeld nach Sinzig, gelangt man automatisch in den Harbachkreisel. Dort steht inmitten eines Pflanzenbeetes eine Bronzeplastik, die für die Einwohner der Barbarossastadt von ganz besonderer Bedeutung ist. Auf einer nachgebildeten Stadtmauer, der ehemaligen mittelalterlichen Wehrbefestigung, die auch heute noch in Teilen gut erhalten ist, hockt ein kleines metallenes Männlein. Das Spezielle an ihm: Mit heruntergelassener Hose ist es im Begriff, sein »großes Geschäft« zu verrichten.

Ganz unschuldig in die Ferne blickend, hat der »Stadtmauredrisser« ein Stück Papier in der rechten Hand, um sein Vorhaben zum Abschluss zu bringen. Heute ist der »Stadtmauerscheißer«, wie er salopp auf Hochdeutsch heißt, *die* Identifikationsfigur für die Sinziger Bürger. Ungeachtet der vielleicht peinlich anmutenden Darstellung ist man sogar richtig stolz auf das »Scheißerlein« im Kreisverkehr. Natürlich gibt es dazu auch eine passende Legende: Wenn ein Sinziger in früheren Zeiten von einem wichtigen Amtstermin zurückkam, sollte er sich erst einmal erleichtern, um dann ungehindert seinen bürgerlichen Pflichten nachkommen zu können. Ob es sich bei dem Wischpapier in der Hand der neckischen Figur um ein amtliches Dokument handelt, ist nicht klar erkennbar, aber durchaus wahrscheinlich.

Die lustige Plastik, geschaffen von dem Bildhauer Otto Kley aus Gimmigen, wurde 2013 aufgestellt. In diesem Jahr war die Figur oft Thema humoriger Stadtgespräche. So vermutete manch Sinziger, dass der »Stadtmauredrisser« vor dem Betreten der Stadt zum »Entleeren« ermuntere, denn damals wurde des Öfteren die mangelnde Anzahl öffentlicher Toiletten kritisiert. Seitdem hat die Stadt, was das angeht, allerdings merklich aufgerüstet, obwohl die Sanitäranlagen ein stets wiederkehrender Punkt auf den Tagesordnungen der Stadtratssitzungen sind.

Adresse Harbachkreisel, 53489 Sinzig | **Anfahrt** über die Harbachstraße und den gleichnamigen Kreisel nach Sinzig und aus dem Ort hinaus; alternativ über die Rheinstraße zum Kreisverkehr | **Tipp** Einen zweiten »Stadtmauredrisser« findet man auf dem Brunnenplatz in der Innenstadt, dort in Gestalt eines Reliefs.

106 Die falschen Eisenbahner

Einer der schönsten Streiche in der Ahr-Geschichte

Seit jeher bestehen auf dem Land Rivalitäten zwischen benachbarten Dörfern. Da macht auch das Ahrtal keinen Unterschied. Und wie es bei einer Rivalität so üblich ist, spielt man den Nachbarn gern Streiche.

Einen solchen ersannen einst einige junge Männer aus Rech. Der Aufhänger: Um das Jahr 1917 ging das Gerücht um, dass durch das Örtchen Staffel – heute ein Ortsteil von Kesseling – eine Eisenbahntrasse bis nach Mayen gebaut werden sollte. Das wäre weiß Gott nicht allzu ungewöhnlich gewesen, war die Eisenbahn doch seinerzeit ein wichtiges und hochmodernes Transportmittel. Und es stimmte, jene Pläne existierten. So witterten vieler Staffeler ein gutes Geschäft, sollten sie wie erwartet ihr Land bald an die Reichsbahn verpachten oder verkaufen. Diese Hoffnung machten sich jene Recher zu eigen und marschierten nach Staffel, um sich dort als amtliche Mitarbeiter der Eisenbahngesellschaft auszugeben.

Was muss das für eine Schau gewesen sein! Die Staffeler hießen die falschen Vermesser, die in großen Gesten Felder abschritten und Parzellen markierten, mit allen Annehmlichkeiten willkommen. Dazu gehörten Essen, Trinken und sogar eine Unterkunft. Denn der Auftrag der Pseudoeisenbahner war nicht an einem Tag abgeschlossen – stolze neun Tage fraßen sich die Spitzbuben aus Rech durch die Speisekammern der hoffnungsfrohen Staffeler Grundbesitzer. Irgendwann zogen sie ab, und es geschah: nichts. Die echte Eisenbahngesellschaft hatte den Plan zur Verlegung der Schienen längst ad acta gelegt. Die Eisenbahnlinie wurde nie gebaut, und so warteten die Menschen aus Staffel vergeblich auf eine Benachrichtigung, die ihnen exorbitante Summen versprach. Nun hätte es dem gutgläubigsten Menschen dämmern müssen, dass hier etwas nicht stimmte. Die Recher hingegen wurden nicht erwischt. Selbst dann nicht, als sie im nächsten Jahr rotzfrech die Staffeler Kirmes besuchten.

Adresse 53506 Kesseling-Staffel | ÖPNV Bus 816 ab Bahnhof Ahrbrück, Haltestelle Waldweg | Anfahrt von Ahrbrück kommend über die L 85 | Tipp Jedes Jahr am 1. Advent findet in Staffel ein uriger Weihnachtsmarkt statt. Spezialität ist die »Staffeler Weihnachtsmütze«, ein süffiges Getränk aus Ahr-Rotwein und Sahne.

107_Der Aussichtspunkt »Bunte Kuh«

Die »Loreley der Ahr« von oben

Kaum eine Landschaftspartie steht so für die Ahrregion wie die »Bunte Kuh«. Der ebenjenem Fleckvieh ähnelnde Felsvorsprung hinter Walporzheim ziert zahllose Postkarten und Bildbände und kann getrost als »Loreley der Ahr« durchgehen. Jeder, der flussabwärts oder -aufwärts zwischen Bad Neuenahr-Ahrweiler und Altenahr unterwegs ist, muss den berühmten Felsen passieren. Generationen von Touristen und Einheimischen haben es sich im direkt nebenan gelegenen Weinhaus »Bunte Kuh« bei Rebensaft und einem stärkenden Imbiss gut gehen lassen.

Doch die Bunte Kuh und ihre Umgebung haben nicht nur von unten, sondern auch von oben ihren Reiz. Wer den Anstieg unweit der Publikumsmagnete Dokumentationsstätte Regierungsbunker und Museum Römervilla auf sich nimmt und am Hotel Hohenzollern vorbei links in den lichten Wald einbiegt, dem liegt nach wenigen Minuten die Bunte Kuh aus luftiger Höhe zu Füßen. Das Areal über der zerklüfteten Felslandschaft hat nicht nur einen der großartigsten Ahrtal-Fernblicke, sondern auch eine bewegte Vergangenheit zu bieten.

Oberhalb der Bunten Kuh, da sind sich die Archäologen sicher, befand sich dank strategisch günstiger Lage in der Spätantike eine römische Höhensiedlung. Zahlreiche archäologische Funde wie Münzen, Nägel und sogar Spielwürfel – größtenteils von ehrenamtlichen Sondengängern gefunden – belegen die entsprechende Besiedelung. Im Zweiten Weltkrieg nutzte die Wehrmacht das Areal für eine Flakstellung zur Abwehr von Luftangriffen. Glück für die dortige Besatzung: Eine Fliegerbombe detonierte wenige Meter neben der heutigen Schutzhütte unterhalb der Aussichtsplattform – der daraus resultierende Krater ist immer noch deutlich sichtbar. Die einfache, offene Holzhütte dient Wanderern nun als Rastplatz und Schlechtwetter-Zuflucht.

Adresse 53474 Walporzheim | **ÖPNV** Ahrtalbahn, Haltestelle Ahrweiler Markt, von dort circa 40 Minuten zu Fuß | **Anfahrt** über die Straße Am Silberberg, am Hotel Hohenzollern vorbei, nach circa 250 Metern Schotterparkplatz auf einem Plateau, von dort (Fuß-)Waldweg zum Aussichtspunkt | **Tipp** Nicht weit entfernt liegt das Ausflugslokal »Altenwegshof«, in dem schon Altkanzler Ludwig Erhard lieber verweilte, als an Krisenübungen im nahen Regierungsbunker teilzunehmen.

108 Die Flutkapelle

Ein Gedenkort für das ganze Tal

Wer in den Weinbergen in Richtung der »Bunten Kuh«, des markanten Felsvorsprungs, wandert, gelangt an einen sehr speziellen Ort mit einem sehr speziellen Ausblick. Auf einem kleinen Plateau ist eine neue Aussichtsplattform entstanden. So mancher Besucher wird sich fragen, warum hier noch ein Ausguck entstehen musste, gibt es solche Aussichtspunkte doch im Überfluss im Ahrtal. Doch dieser ist einzigartig. Wer ins Tal hinabblickt, sieht dort eine neue Ahr mit verändertem Lauf und ohne die markanten Brücken, die einst die Ufer miteinander verbanden. Ganz gleich, ob es sich um die Eisenbahnbrücke oder die Brücke zum Heckenbachtal und Steinbruch handelte: Die Brücken sind weg. Fortgeschwemmt von der Ahrflut im Juli 2021.

An diesen Brücken staute sich das Treibgut meterhoch: Autos, Weinfässer, Campingwagen, Tische, Stühle, Brenn- und Totholz und vieles mehr. An diesen Verklausungen, wie die Verschlüsse eines Fließgewässers im Fachjargon heißen, sammelte sich das Wasser, bis die Brücken unter dem massiven Druck zusammenbrachen. Die riesige Flutwelle, die sich daraus ergab, überschwemmte erst Walporzheim und dann Ahrweiler. Die Zerstörungen waren immens, und die Trauer war es auch, denn viele Menschen starben in der schicksalhaften Nacht.

Die neue Kapelle, die dank Spendengelder entstand, ist dem heiligen Donatus gewidmet, einem Patron, der eher in der Eifel verehrt wird und vor Unwetter schützen soll. Die Flutkapelle soll als Ort der Erinnerung, aber auch als Stätte der Bewältigung dienen. Denn immer noch sind die Narben, die die Flutnacht riss, nicht verheilt.

Verantwortlich für den Bau dieses etwas anderen Gotteshauses ist der »Freundeskreis der Kapelle St. Josef«. Auch diese Kapelle unten in der Ortsmitte von Walporzheim wurde bei der Flut heftig getroffen, sie wurde anschließend jedoch tatkräftig restauriert und dient nun als Veranstaltungsort.

Adresse 53474 Walporzheim | ÖPNV Ahrtalbahn, Haltestelle Walporzheim | Anfahrt über die B 267, Parkplätze an der Weinmanufaktur, von dort zu Fuß | Tipp In Walporzheim gibt es mit dem Gasthaus St. Peter ein Restaurant mit erstklassiger Küche.

109_Der Olivenhain

Mediterrane Früchte nach bestandenem Härtetest

Picual, Hojiblanca, Frantoio: Solch klangvolle Namen lassen eigentlich auf edle Weinsorten schließen. Doch im Ahrtal ist eben vieles anders. So anders, dass hier neben den ortsbildprägenden Weinreben auch Olivenbäume wachsen. In Angriff genommen wurde das Projekt oberhalb der Lage »Am Kräuterberg«, die für ihre exzellenten Weine bekannt ist, im Jahr 2015 von Winzer Michael Kriechel sowie Oliver Heimermann, einem Händler für Oliven. Heimermann brachte das Know-how mit, und Kriechel stellte das Areal zur Verfügung.

Nun grünen nur wenige Meter entfernt vom Rotweinwanderweg, der sich malerisch durch die Weinberge von Walporzheim schlängelt, knapp 40 Olivenbäumchen. Zu Beginn pflanzte man verschiedene Arten aus Frankreich, Italien und Spanien, von denen längst nicht alle den Härtetest im Klima des Ahrtals bestanden. Irgendwann fand man die Arten, die mit dem felsigen Boden harmonieren, setzte rund 40 der kleinen Bäumchen und konnte sogar schon ernten. Die ersten Ahrtal-Oliven waren natürlich bei den Testessern ein absoluter Hit. Irgendwann möchte man in Walporzheim auch eigenes Olivenöl produzieren, aber das wird noch eine Weile dauern. Bis dahin begnügt man sich mit dem Einlegen der Steinfrüchte. Die besäßen zwar etwas weniger Fruchtfleisch als das Pendant aus dem Supermarkt, dafür sei der Geschmack kräftiger, so die Initiatoren. Besonders pflegeintensiv sind die Bäume übrigens nicht. Speziell ist der verwendete Dünger: Im Walporzheimer Olivenhain wird Trester ausgebracht, also die Stiele, Kerne und Schalen, die nach dem Pressen der Trauben übrig bleiben.

Das Umfeld der Olivenbäumchen ist ebenfalls mediterran bepflanzt. Dort wachsen Feigen und Pfirsiche, Thymian gedeiht ebenso wie Pfefferminze und Rosmarin. Ein weiterer schöner Aspekt ist der phantastische Blick über das Ahrtal. Eine extrem bequeme Bank in Wellenform lädt zum Verweilen ein.

Adresse nahe der Straße Am Silberberg, 53474 Walporzheim | Anfahrt bei der Römervilla auf die Straße Am Silberberg, nach wenigen hundert Metern Wanderparkplatz des Rotweinwanderwegs, Olivenhain circa 50 Meter in westlicher Richtung | Tipp Das zum Olivenhain gehörende Weingut Kriechel befindet sich in Walporzheim (Walporzheimer Straße 83–85).

110_Die Winzerkapelle

»Us helejs Housje Heckedahl«

Was haben Maulbeerbäume mit Weinreben zu tun? Gar nichts, doch in der Geschichte von Walporzheim gab es einen Mann, der sich für beide Gewächse begeisterte. Der Dorfschullehrer Peter-Josef Gies aus dem Weinörtchen im Osten von Bad Neuenahr-Ahrweiler beschäftigte sich viel mit Seidenspinnerraupen, und die ernähren sich einzig und allein von den Blättern des Weißen Maulbeerbaums. Die Zucht von Seidenspinnern ist durchaus eine ungewöhnliche Beschäftigung, besonders im Ahrtal. Größere Bekanntheit erlangte Gies jedoch auf andere Weise: Auf Bestreben des Pädagogen wurden im Jahr 1871 in Walporzheim der Winzerverein und die damit verbundene Genossenschaft gegründet. Übrigens: Der erste Winzerverein im Ahrtal war nur drei Jahre vorher aus der Taufe gehoben worden, und zwar in Mayschoß. In beiden Orten war die Resonanz seitens der Winzerschaft gewaltig. In Walporzheim zählte der Verein zum Zeitpunkt der Gründung knapp 40 Mitglieder.

Zu Ehren des großen Förderers der Winzergenossenschaft errichtete man im Jahr 1887 im Heckenbachtal die Winzerkapelle. Gies erlebte die Einweihung allerdings nicht mehr mit: Er starb bereits 1881 im Alter von 67 Jahren.

Heute ist die Kapelle ein beliebter Ausflugsort für Wanderer und wird entsprechend gepflegt. Es herrscht dort absolute Stille, Ruhebänke laden zum Rasten ein. Noch immer hat »Us helejs Housje Heckedahl«, wie die Kapelle in der Walporzheimer Mundart genannt wird, einen festen Platz im Kollektivbewusstsein der Einheimischen. Da wundert es nicht, dass man auch schon um sie bangte. Besonders im Jahr 2013 war die Sorge groß, als sie von einem Sturzbach beinahe hinfortgespült worden wäre. Das Unglück blieb glücklicherweise aus, und das heilige Häuschen steht noch. Auch Einheimische kommen gern hierher. Die Walporzheimer zünden Kerzchen an, hinterlassen Schnitzereien aus Holz und kleine Gebetbüchlein.

Adresse 53474 Walporzheim-Heckenbachtal | Anfahrt zum Wanderparkplatz Heckenbachtal, dort dem Fußweg in südwestlicher Richtung einige hundert Meter folgen | Tipp Walporzheim ist berühmt für sein uriges und traditionelles Weinfest.

111 Die Waldschenke »Zum Ännchen«

Aussicht, Tassenfilter und Kult-Kuchen

Nein, ein Café wie jedes andere ist das hoch über Westum auf der Hellenbachshöhe thronende »Ännchen« nicht. Das fängt schon beim Kaffee an. Er kommt hier nicht aus seelenlosen Plastikkapseln oder überdimensionalen Gastro-Maschinen, sondern wird in uralten, aber umso charmanteren Tassenfiltern frisch aufgebrüht. Und auch der von der Betreiberfamilie Alfter angebotene, ausschließlich selbst gebackene Kuchen genießt schon lange Kultstatus.

Wie es sich für das Ahrtal gehört, warten auch ausgesuchte heimische Weine darauf, getrunken zu werden. Besonders begehrt bei den Gästen sind die Plätze auf der Außenterrasse. Nicht selten greift Senior-Wirt Reinhold Alfter spontan zum Akkordeon und sorgt im Handumdrehen für kollektive Mitsingstimmung. Selbst der ehemalige Bundespräsident Karl Carstens soll bekennender Fan des »Ännchen« gewesen sein, dessen Historie bis ins Jahr 1880 zurückreicht. Den von den Westumer Gebrüdern Heuser errichteten Jagdsitz stockte man 20 Jahre später auf, und so ist der turmähnliche Bau bis heute erhalten. 1928 erwarb Christian Gemein das Haus, seine Töchter Anna und Margarete kümmerten sich um das Lokal, das fortan, benannt nach einer der Wirtinnen, »Zum Ännchen« hieß. Mühsam wurden Wein und Kuchen damals mit dem Fahrrad auf den Berg geschafft. Mit Mathilde Alfter, einer Enkeltochter von Christian Gemein, übernahm 1989 die dritte Generation das Ruder.

Das »Ännchen« ist aufgrund seiner Lage ein beliebter Anlaufpunkt für Wanderer, wird aber ebenso gern von Pkw-Fahrern und Radlern angesteuert. Sogar ein Parkplatz steht zur Verfügung. In Westum und auch auf den Wanderwegen in der Umgebung weisen Schilder den Weg zur Hellenbachshöhe. Die weithin sichtbare, auf dem »Ännchen« gehisste Fahne ist ein sicherer Indikator dafür, dass die Waldschenke geöffnet hat.

Adresse Waldstraße, 53489 Westum, www.zum-aennchen.de | **Anfahrt** aus Sinzig kommend über die Westumer Straße nach Westum, dort über Krechelheimerstraße, Finggasse, Bachstraße und Angerstraße zur Waldstraße, Parkplätze am Lokal, von dort zu Fuß dem Waldweg folgen | **Öffnungszeiten** Mitte April–Ende Okt. Mi, Do, Sa ab 14 Uhr, So und Feiertage ab 13 Uhr | **Tipp** Das Falder-Heiligenhäuschen befindet sich an der Ecke Krechelheimerstraße/Drosselweg. Das Besondere: Der Innenraum ist mit Kacheln aus Sinzig verkleidet.

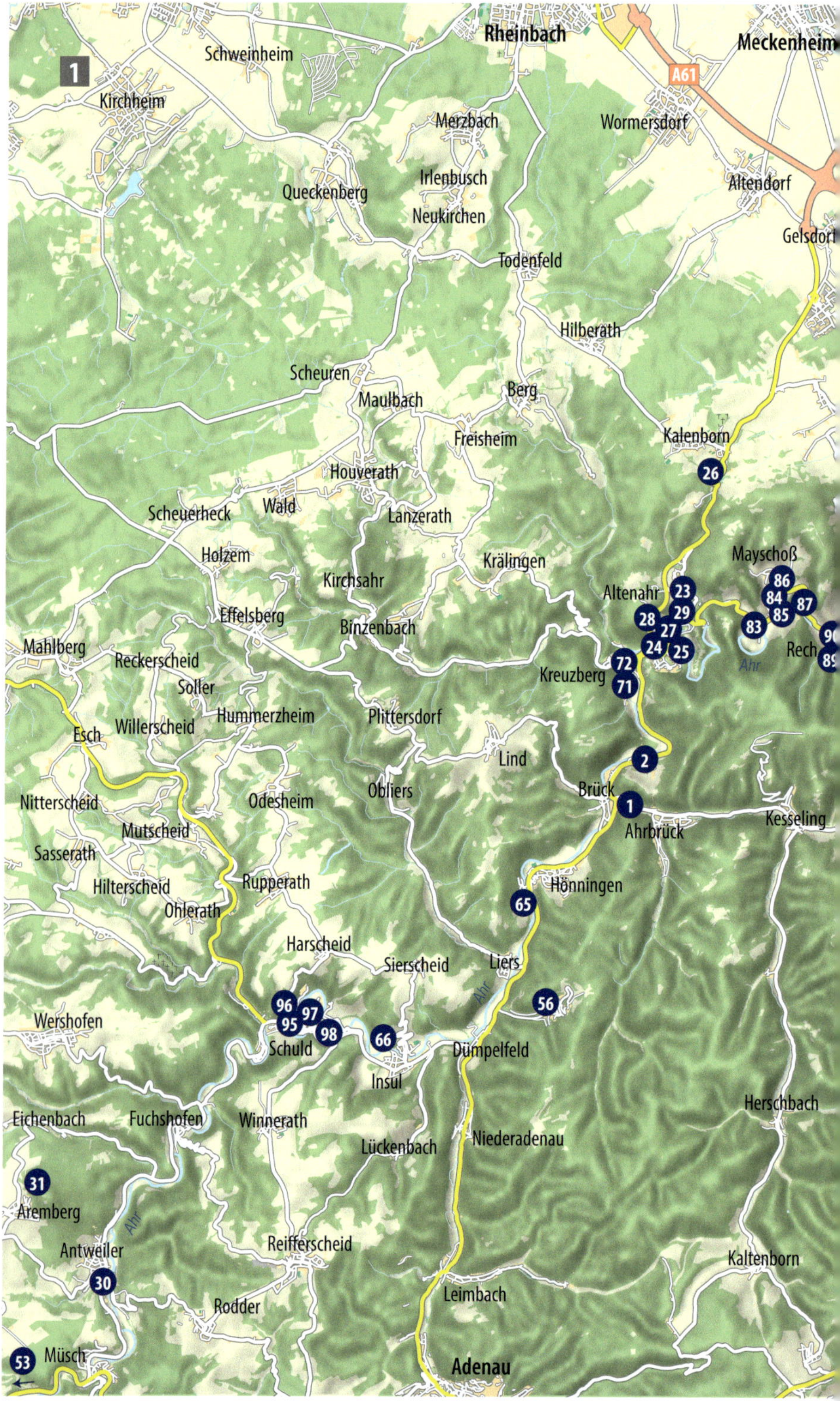
1
Rheinbach
Meckenheim
Schweinheim
A61
Kirchheim
Merzbach
Wormersdorf
Irlenbusch
Queckenberg
Altendorf
Neukirchen
Gelsdorf
Todenfeld
Hilberath
Scheuren
Berg
Maulbach
Freisheim
Kalenborn
26
Houverath
Wald
Scheuerheck
Lanzerath
Holzem
Krälingen
Mayschoß
Kirchsahr
86
Altenahr
23
84
87
29
Effelsberg
28
85
Binzenbach
27
83
Mahlberg
24
25
Reckerscheid
72
Ahr
Rech
Kreuzberg
Soller
71
Hummerzheim
Esch
Willerscheid
Plittersdorf
Lind
2
Brück
Obliers
1
Nitterscheid
Odesheim
Kesseling
Mutscheid
Ahrbrück
Sasserath
Rupperath
Hönningen
Hilterscheid
65
Ohlerath
Harscheid
Sierscheid
Liers
Ahr
56
96
97
Wershofen
95
98
66
Schuld
Dümpelfeld
Insul
Herschbach
Eichenbach
Fuchshofen
Winnerath
Lückenbach
Niederadenau
31
Aremberg
Ahr
Antweiler
Reifferscheid
Kaltenborn
30
Rodder
Leimbach
53
Müsch
Adenau

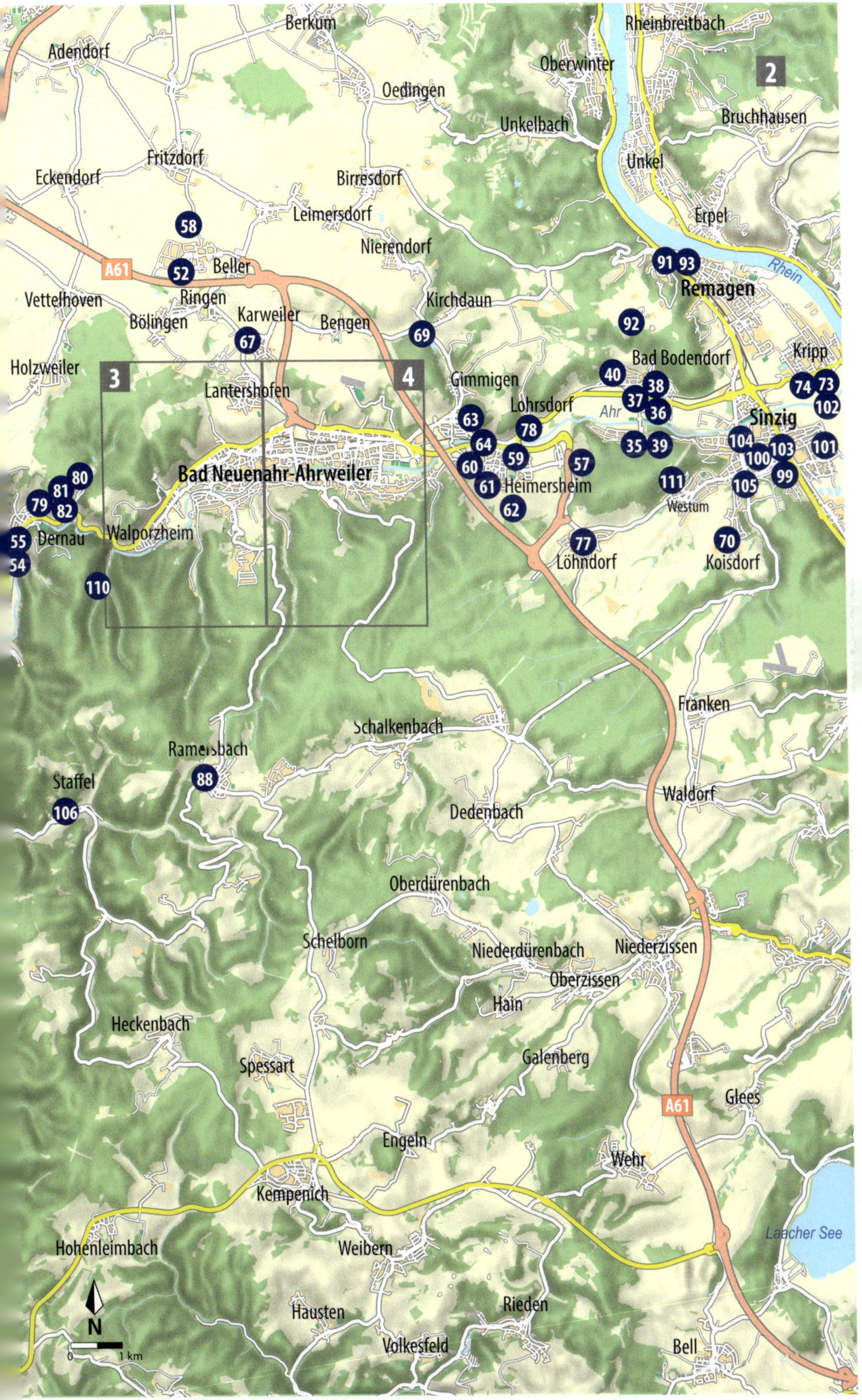

Berkum
Rheinbreitbach
Adendorf
Oberwinter
2
Oedingen
Unkelbach
Bruchhausen
Fritzdorf
Unkel
Eckendorf
Birresdorf
Leimersdorf
Erpel
58
Nierendorf
A61
52
Beller
91
93
Rhein
Remagen
Vettelhoven
Ringen
Kirchdaun
Bölingen
Karweiler
Bengen
69
92
67
Bad Bodendorf
Kripp
Holzweiler
3
4
Gimmigen
40
38
74
73
Lantershofen
Lohrsdorf
37
Ahr
36
102
Sinzig
63
78
64
35
39
104
103
101
57
59
100
80
Bad Neuenahr-Ahrweiler
60
111
99
81
61
Heimersheim
105
79
Westum
82
62
Walporzheim
55
Dernau
70
77
Löhndorf
Koisdorf
54
110
Franken
Schalkenbach
Ramersbach
Staffel
88
Waldorf
106
Dedenbach
Oberdürenbach
Niederzissen
Schelborn
Niederdürenbach
Oberzissen
Hain
Heckenbach
Galenberg
Spessart
A61
Glees
Engeln
Wehr
Kempenich
Laacher See
Hohenleimbach
Weibern
N
Hausten
Rieden
0
1 km
Volkesfeld
Bell

3
76
Lantershofen
75
94
Forstberg
15
4
5
Wilhelmstraße
Kuxberg
19
Bossardstraße
7
17
6
3
10
18
Friedrichstraße
Unter der Herzkaul
16
9
Ahrweiler
Schützenstraße
32
13
33
22
11
Bachem
Ramersbacher Straße
14
Walporzheimer Straße
109
20
Kloster
Calvarienberg
21
Ahr
107
108
Walporzheim
12
Godeneltern
Steinthalskopf
8

4
68
A573
43
A61
Heerstraße
Ringener Straße
Heerstraße
46
Landskroner Straße
50
45
47
Hauptstraße
Sebastianstraße
Sebastianstraße
Bad Neuenahr
44
Landgrafenstraße
BAD NEUENAHR-
AHRWEILER
Ahr
51
42
41
St.-Pius-Straße
Dahlienweg
Hochstraße
Mittelstraße
49
Neuenahrer Berg
Fürstenberghöhe
34
Steckenberg
48
N
0
200 m

Peter Eickhoff
111 Orte am Niederrhein, die man gesehen haben muss
ISBN 978-3-7408-1802-9

Jens Burmeister
111 Orte am Mittelrhein, die man gesehen haben muss
ISBN 978-3-7408-1745-9

Martin Nusch
111 Mal mit WDR 2 raus in den Westen
ISBN 978-3-7408-1962-0

Martin Nusch
111 Mal mit WDR 2 raus in den Westen, Band 2
ISBN 978-3-7408-1465-6

Dina Knorr
111 Orte im Sauerland, die man gesehen haben muss
ISBN 978-3-7408-1509-7

Ralf Koss, Stefanie Kuhne
111 Orte im Bergischen Land, die man gesehen haben muss
ISBN 978-3-7408-1673-5

Daniel Robbel, Horst Hohn
111 Orte im Westerwald, die man gesehen haben muss
ISBN 978-3-7408-1229-4

Bernd Imgrund
111 Orte in der Eifel, die man gesehen haben muss
ISBN 978-3-7408-1677-3

Bernd Imgrund
111 Orte in der Eifel, die man gesehen haben muss, Band 2
ISBN 978-3-7408-0552-4

Barbara Kemmer, Frank Schmitt
111 Orte in Koblenz, die man gesehen haben muss
ISBN 978-3-7408-1994-1

Regina Urbach
111 Orte in und um Worms, die man gesehen haben muss
ISBN 978-3-7408-1172-3

Peter Bieg
111 Orte in Trier, die man gesehen haben muss
ISBN 978-3-7408-1294-2

Regina Urbach
111 Orte in Speyer, die man gesehen haben muss
ISBN 978-3-7408-1508-0

Dorothee Fleischmann
111 Orte im Taunus, die man gesehen haben muss
ISBN 978-3-7408-1420-5

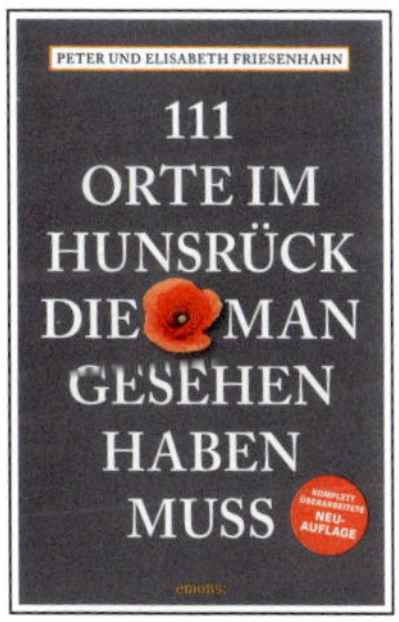

Peter Friesenhahn, Elisabeth Friesenhahn
111 Orte im Hunsrück, die man gesehen haben muss
ISBN 978-3-7408-1090-0

Stefanie Jung
111 Orte in Mainz, die man gesehen haben muss
ISBN 978-3-95451-041-2

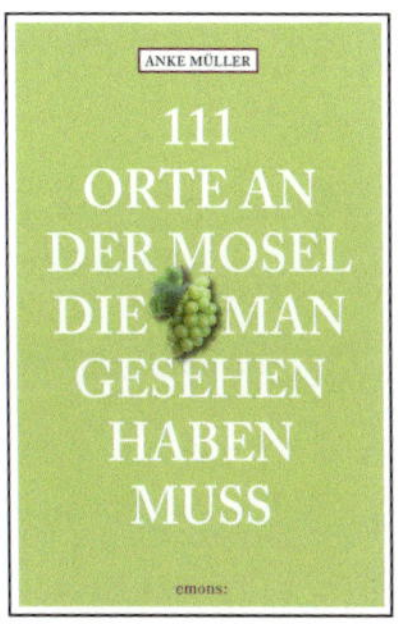

Anke Müller
111 Orte an der Mosel, die man gesehen haben muss
ISBN 978-3-95451-325-3

Paul Stänner
111 Orte im Münsterland, die man gesehen haben muss
ISBN 978-3-7408-1833-3

Fabian Pasalk
111 Orte im Ruhrgebiet, die man gesehen haben muss
ISBN 978-3-7408-1853-1

Rüdiger Liedtke
111 Orte auf Zollverein, die man gesehen haben muss
ISBN 978-3-7408-1637-7

Fabian Pasalk
111 Orte in Wuppertal, die man gesehen haben muss
ISBN 978-3-7408-1854-8

Alexandra Schlennstedt,
Jobst Schlennstedt
111 Orte in Bielefeld, die man gesehen haben muss
ISBN 978-3-7408-1653-7

Ingo Stock
111 Orte im Teutoburger Wald, die man gesehen haben muss
ISBN 978-3-7408-1715-2

Alexandra Schlennstedt,
Jobst Schlennstedt
111 Orte in Ostwestfalen-Lippe, die man gesehen haben muss
ISBN 978-3-7408-1648-3

Dorothee Fleischmann,
Carolina Kalvelage
111 Orte im Weserbergland, die man gesehen haben muss
ISBN 978-3-7408-1511-0

Ursula Gilbert, Michael Klein
111 Orte im Siebengebirge, die man gesehen haben muss
ISBN 978-3-7408-1871-5

Jörn Heller
111 Orte in Siegen-Wittgenstein, die man gesehen haben muss
ISBN 978-3-7408-0976-8

Stephanie Katerle
111 Orte in Paderborn, die man gesehen haben muss
ISBN 978-3-7408-0645-3

Rüdiger Liedtke
111 Heilige im Rheinland, die man kennen muss
ISBN 978-3-7408-0886-0

Ralf Koss
111 Orte in Dortmund, die man gesehen haben muss
ISBN 978-3-7408-0649-1

Bernd Imgrund
111 Kölner Orte, die man gesehen haben muss
ISBN 978-3-7408-0801-3

Garnet Manecke, Vera Anders
111 Orte in Mönchengladbach, die man gesehen haben muss
ISBN 978-3-7408-0606-4

Fabian Pasalk
111 Orte in Essen, die man gesehen haben muss
ISBN 978-3-95451-924-8

Bernd Imgrund
111 Orte im Kölner Umland, die man gesehen haben muss
ISBN 978-3-89705-777-7

Peter Gitzinger
111 Orte im Saarland, die man gesehen haben muss
ISBN 978-3-7408-1265-2

Peter Gitzinger
111 Orte im Saarland, die man gesehen haben muss, Band 2
ISBN 978-3-89705-886-6

Daniel Robbel (geboren 1984 in Bonn) wuchs im Ahrtal auf und hat es nie wirklich verlassen. Nach dem Studium in Bonn widmete er sich dem Journalismus und schrieb zunächst für den General-Anzeiger Bonn im Bereich Lokales im Kreis Ahrweiler. Heute ist er stellvertretender Chefredakteur bei der Wochenzeitung BLICK aktuell.

Dirk Unschuld (geboren 1974 in Adenau) ist im auf den Ahrbergen gelegenen Lantershofen aufgewachsen und lebt dort noch immer. Er arbeitete mehr als zwei Jahrzehnte im Bereich der Pflege alter und behinderter Menschen und ist heute sowohl Archivar des 1. FC Köln als auch für die Wochenzeitung BLICK aktuell tätig. Als Autor veröffentlichte er mehrere Standardwerke zum 1. FC Köln sowie in verschiedenen Medien Lokalhistorisches über das Ahrtal.